T0240517

Forschungsreihe der FH Münster

Die Fachhochschule Münster zeichnet jährlich hervorragende Abschlussarbeiten aus allen Fachbereichen der Hochschule aus. Unter dem Dach der vier Säulen Ingenieurwesen, Soziales, Gestaltung und Wirtschaft bietet die Fachhochschule Münster eine enorme Breite an fachspezifischen Arbeitsgebieten. Die in der Reihe publizierten Masterarbeiten bilden dabei die umfassende, thematische Vielfalt sowie die Expertise der Nachwuchswissenschaftler dieses Hochschulstandortes ab.

Weitere Bände in der Reihe http://www.springer.com/series/13854

Jill Katrin Hergemöller

Nachhaltige Schulverpflegung an Berufskollegs

Verpflegungssysteme und Ernährungsbildung

Jill Katrin Hergemöller
Münster, Deutschland

Forschungsreihe der FH Münster
ISBN 978-3-658-22489-9 ISBN 978-3-658-22490-5 (eBook)
https://doi.org/10.1007/978-3-658-22490-5

Die Deutsche Nationalbibliothek verzeichnet diese Publikation in der Deutschen Nationalbibliografie; detaillierte bibliografische Daten sind im Internet über http://dnb.d-nb.de abrufbar.

Springer Spektrum

Gedruckt auf säurefreiem und chlorfrei gebleichtem Papier

Springer Spektrum ist ein Imprint der eingetragenen Gesellschaft Springer Fachmedien Wiesbaden GmbH und ist ein Teil von Springer Nature
Die Anschrift der Gesellschaft ist: Abraham-Lincoln-Str. 46, 65189 Wiesbaden, Germany

Danksagung

Hiermit möchte ich mich ganz herzlich für die intensive Unterstützung meiner Masterarbeit bei meinen Betreuerinnen Prof. Dr. rer. pol. Julia Kastrup und Prof. Dr. Carola Strassner bedanken. Sie hatten stets Zeit für mich und standen mir mit Rat und Tat zur Seite.

Ich möchte mich besonders bei meinem Mann, Timo Hergemöller, bedanken, der mich vor allem bei technischen Problemen und Fragestellungen gerettet und unterstützt hat und mir im Alltag den Rücken freigehalten hat.

Für die abschließende Korrektur bedanke ich mich sehr bei Marlies de Vries und Nico Hergemöller.

Darüber hinaus möchte ich mich bei den beteiligten Schulen und Interviewpartnern und -partnerinnen für die Zeit und Unterstützung bedanken.

Abschließend bedanke ich mich bei meinen Eltern, Marion und Michael Blecker, für die gesamte Unterstützung im Studium!

Vielen Dank!

Inhaltsverzeichnis

Abbildungs- und Tabellenverzeichnis

Abkürzungsverzeichnis

AG	Arbeitsgemeinschaft in Schulen
BAMF	Bundesministerium für Bildung und Forschung
BBiG	Berufsbildungsgesetz
BBnE................	Berufliche Bildung für eine nachhaltige Entwicklung
BIBB	Bundesinstitut für Berufsbildung
DGE	Deutsche Gesellschaft für Ernährung e. V.
EsKiMo	Ernährungs-Studie als KiGGS-Modul
FKE..................	Forschungsinstitut für Kinderernährung
HACCP	Hazard Analysis and Critical Control Points
HwO.................	Ordnung des Handwerks
IND	Integrierendes Nachhaltigkeits-Dreieck
KiGGS	Kinder- und Jugendheitssurvey
KMK	Kultusministerkonferenz
LF.....................	Lernfeld
Optimix	Optimierte Mischkost
REVIS	Reform der Ernährungs- und Verbraucherbildung in allgemeinbildenden Schulen
S I, II, III, IV	Schule I, II, III, IV
SuS...................	Schülerinnen und Schüler

1 Einleitung

„Wie ernähren wir uns bzw. unsere Kinder in einer Zeit, in der wir erfahrungsgemäß (auch im Sinne der Evolution) gesund sind, um dem zu erwartenden hohen Lebensalter eine ausreichende Lebensqualität sichern zu können“ (Biesalski 2010, S. 5).

Als gesunde Ernährung wird eine ausgewogene Mischkost bezeichnet, die den Körper mit lebensnotwendigen Makro- und Mikrostoffen versorgt und so den Gesundheitszustand des Körpers erhält (vgl. ebd., S. 4–5). Durch die starke Zunahme von Zivilisationskrankheiten wie Adipositas oder Arteriosklerose (vgl. ebd., S. 5) stellt sich jedoch die Frage, wie gesund wir uns heutzutage bei einer scheinbar unendlich verfügbaren Auswahl von Lebensmitteln tatsächlich ernähren. Entscheidend ist nicht die Quantität, sondern die Qualität unserer Ernährung (vgl. ebd.). Besonders die Versorgung mit Mikronährstoffen muss, abhängig von der möglichen Speicherkapazität, das ganze Leben hindurch gesichert sein, damit weder kurz- noch langfristige Folgeerkrankungen drohen (vgl. ebd., S. 5–6). Ein Vergleich der wichtigen Ernährungsstudien wie KiGGS (Kinder- und Jugendgesundheitssurvey) oder EsKiMo (Ernährungs-Studie als KiGGS-Modul) zeigt, dass es den meisten Kindern und Jugendlichen in Deutschland gesundheitlich gut geht (vgl. Schröder, T. & Schönberger, G. 2016, S. 5). Bei Kindern und Jugendlichen, die aus Familien mit einem niedrigen sozio-ökonomischen Niveau stammen, ist das Risiko an Folgeerkrankungen wie Bluthochdruck, Diabetes oder Übergewicht zu erkranken, deutlich erhöht (vgl. Biesalski 2010, S. 18; Schröder, T. & Schönberger, G. 2016, S. 5).

1.1 Problemstellung

Die Schulverpflegung bekommt durch die Zunahme der Ganztagsschulen[1] eine immer größer werdende Bedeutung in der Ernährung von Kindern und Jugendlichen. Eine Erhebung zeigt, dass je jünger die Kinder und Jugendlichen sind, umso mehr Wert wird auf die Ernährung gelegt. Beispielsweise ist es für Kindertagesstätten und Kindergärten viel wichtiger auf biologische Speisen zurückzugreifen als für Ganztagsschulen und noch weniger wichtig für Kantinen und Mensen, in denen Erwachsene speisen (vgl. Simpfendörfer et al. 2014, S. 91).

Neben den Grundschulen gibt es für Ganztagsschulen der allgemeinbildenden Schulen zahlreiche Empfehlungen für eine gesunde Schulverpflegung (vgl. DGE 2015; DGE 2016; Bausch 2010; Wehmöller 2011; Fenner & Wehmöller 2012). Eine gesunde Ernährung wird für Kinder und Jugendliche durch eine vollwertige Ernährung im Sinne

[1] Die Zahl der SuS im Ganztag ist im Jahr 2016 auf 40 % und damit um 2 Prozentpunkte zum Vorjahr 2015 gestiegen (vgl. Ministerium für Schule und Weiterbildung des Landes Nordrhein-Westfalen)

J. K. Hergemöller, *Nachhaltige Schulverpflegung an Berufskollegs*,
Forschungsreihe der FH Münster, https://doi.org/10.1007/978-3-658-22490-5_1

des DGE-Qualitätsstandards für die Schulverpflegung erreicht und im Rahmen des Aktionsplans IN FORM empfohlen (vgl. DGE 2015, S. 12; Wehmöller 2011, S. 13). Wenig untersucht ist jedoch die Schulverpflegung junger Erwachsener an berufsbildenden Schulen. Hier befinden sich die Schülerinnen und Schüler[2] auf dem Weg in die Selbstständigkeit und das Erwachsenwerden. Der Begriff der Adoleszenz beschreibt den entwicklungspsychologischen Prozess des Erwachsenwerdens, welcher nicht mit dem Erreichen des 18. Lebensjahres abgeschlossen ist (vgl. Schröder, T. & Schönberger, G. 2016, S. 2). In diesem Lebensabschnitt befinden sich auch die SuS der Berufskollegs. Wird hingegen von Jugendlichen gesprochen, so unterscheiden sich die Altersgrenzen stark. Die Shell-Jugend-Studie bezeichnet alle Personen zwischen 12 und 25 Jahren als jugendlich und erfasst somit die größte Menge (vgl. ebd., S. 3). Nach dem Jugendstrafrecht werden nur Personen bis zum 18. Lebensjahr erfasst (vgl. ebd.). Das Statistische Bundesamt hingegen zählt Personen von 15 bis 24 Jahren als Jugendliche (vgl. ebd.).

1.2 Ziele der Arbeit

Ziel dieser Arbeit ist eine exemplarische Bestandsaufnahme der Schulverpflegung an Berufskollegs mit Bildungsgängen des Berufsfeldes Ernährung und Hauswirtschaft an ausgewählten Berufskollegs in Münster und naher Umgebung. Dabei werden besonders die Aspekte Nachhaltigkeit und Einbindung der SuS in das Bildungsangebot untersucht.

Unter dem Aspekt der Nachhaltigkeit soll untersucht werden, inwieweit die Schulen in sieben ausgewählten Berufen Nachhaltigkeit thematisieren und nach Möglichkeit als durchgehendes Konzept unterrichten. Im Idealfall kann gezeigt werden, dass die eigene Schulverpflegung genutzt wird, um das Konzept der Nachhaltigkeit an die SuS zu vermitteln.

Die Einbindung der SuS meint, inwieweit sie an der Produktion der Schulverpflegung mitwirken. Sei es in Form einer regelmäßigen Unterstützung in der Schulküche oder durch die Leitung eines Schulkiosks.

1.3 Aufbau der Arbeit

Diese Arbeit besteht aus einem theoretischen und einem empirischen Teil. Zunächst wird die Schulverpflegung theoretisch aufgearbeitet (vgl. Kapitel 2). Es wird auf die strukturellen Besonderheiten eines Berufskollegs eingegangen und wie diese die Schulverpflegung herausfordern. Des Weiteren werden die Akteure benannt und die

[2] Schülerinnen und Schüler werden im Folgenden mit SuS abgekürzt.

Wichtigkeit ihrer Zusammenarbeit aufgezeigt. Die Konkurrenz, in der die Zwischenverpflegung zur Mittagsverpflegung steht, wird anschließend erläutert. Besonders wichtig für die weitere Erarbeitung sind die Prozessschritte der Schulverpflegung, die täglich durchlaufen werden. Zudem wird auf die Ernährungsbildung im Berufsfeld Ernährung und Hauswirtschaft anhand ausgewählter REVIS-Bildungsziele eingegangen, die im Rahmen der allgemeinen Ernährungs- und Verbraucherbildung erarbeitet worden sind. Abschließend von Kapitel 2 findet die Untersuchung ausgewählter Berufe auf Ansatzmöglichkeiten in den berufstypischen Handlungsfeldern Nachhaltigkeit zu verknüpfen statt. In Kapitel 3 wird ein Zwischenfazit über die gewonnen Erkenntnisse gezogen.

Im empirischen Teil, der qualitativen Sozialforschung, werden exemplarisch qualitative Daten durch eine Ortsbegehung, einen Fragebogen und ein Interview an ausgewählten Berufskollegs erhoben, ausgewertet und analysiert (vgl. Kapitel 4 und 5). Ausgehend von der theoretischen Auseinandersetzung werden Hypothesen abgeleitet und zusammengefasst dargestellt (vgl. Abschnitt 4.1). Die drei Forschungsinstrumente werden vorgestellt und ihre Wahl wird begründet (vgl. 4.2). In den Abschnitten 4.3 und 4.4 werden Hinweise zur Durchführung und Auswertung gegeben. Abschließend erfolgt in Kapitel 5 die Ergebnisdarstellung. Die Ergebnisse des Interviews werden anhand der gebildeten Kategorien des Leitfadens präsentiert. Die abschließende Analyse (vgl. Abschnitt 5.4) verknüpft die Ergebnisse der drei Forschungsinstrumente und gibt Auskunft über die eingangs gewünschte Bestandsaufnahme der Einbindung von SuS in die nachhaltige Schulverpflegung an Berufskollegs. Im letzten Kapitel werden die gewonnenen Erkenntnisse zusammenfassend dargestellt und es wird ein kurzer Ausblick über weitere Handlungsmöglichkeiten gegeben.

2 Nachhaltige Schulverpflegung am Berufskolleg

Die Schulverpflegung obliegt in Nordrhein-Westfalen dem Aufgabenbereich des Schulträgers, da sie als Versorgungsaufgabe zu den äußeren Schulangelegenheiten gehört (vgl. Wehmöller 2011, S. 10). Der Schulträger kann entscheiden, ob die Verpflegung über die Kommune oder private Anbieter sowie freie Trägerschaften erfolgt (vgl. ebd.). Freie Trägerschaften können beispielsweise Eltern- oder Mensavereine sein (vgl. ebd.). Die Schulverpflegung wird hingegen zur inneren Schulangelegenheit, sobald sie über die Versorgungsaufgabe hinaus geht und Teil des Bildungsauftrags der Schule wird (vgl. ebd., S. 11). Der Bildungs- und Erziehungsauftrag der Schule wird im Schulgesetz Nordrhein-Westfalens beschrieben. Hier wird unter anderem gefordert, dass „die SuS […] insbesondere lernen [sollen] […] 8. Freude an der Bewegung und am gemeinsamen Sport zu entwickeln, sich gesund zu ernähren und gesund zu leben […]" (Ministerium für Schule und Weiterbildung des Landes Nordrhein-Westfalen 2016, § 2 Abs. 6).

Unter dem Begriff der Schulverpflegung werden die Getränkeversorgung, das Frühstück, die Zwischenmahlzeit (oder -versorgung) sowie das Mittagessen verstanden (vgl. DGE 2015, S. 12). Dabei kann der Verkauf der Getränke und Speisen sowohl über Automaten als auch über Verkaufsstellen durch Mitarbeiter erfolgen. Die Verpflegung über Automaten erfolgt während des gesamten Schultages, währenddessen Verkaufsstellen spezifische Öffnungszeiten haben. Die mitarbeitergeführten Verkaufsstellen unterscheiden sich untereinander wiederum durch ihr Angebot an Speisen und Getränken und den Räumlichkeiten. So gibt es neben der Schulmensa auch Bistros, Cafeterien und Kiosks. Die Abgrenzung der Begriffe untereinander ist nicht immer deutlich oder wird nicht einheitlich verwendet. Ein Kiosk zeichnet sich jedoch meistens dadurch aus, dass keine Sitzplätze vorhanden sind (vgl. Joosten o. J., S. 4). Es gibt Modelle, bei denen nur verpackte Lebensmittel und Getränke verkauft werden, bei anderen gibt es zudem belegte Brötchen oder Obst. In Cafeterien sind hingegen Sitzplätze vorhanden und die Kunden bedienen sich selbst aus einer Auslage und bezahlen abschließend an einer Kasse (vgl. ebd.). Die Grenzen eines Bistros sind deutlich offener und es gibt keine einheitliche Definition. So haben Schulbistros mit dem französischen Namensgeber kleine runde Tische und eine kleine Speisen- und Getränkeauswahl gemeinsam (vgl. Duden 2017; Hotelier 2017). Bei den Speisen handelt es sich zumeist um kleine kalte und warme ‚Snacks', die schnell zubereitet, serviert und verzehrt werden können (vgl. Hotelier 2017).
Im Rahmen dieser Arbeit werden Cafeterien, Bistros und Kioske als Orte der Zwischenverpflegung verstanden. Eine warme Mittagsverpflegung findet in Mensen statt.

J. K. Hergemöller, *Nachhaltige Schulverpflegung an Berufskollegs*,
Forschungsreihe der FH Münster, https://doi.org/10.1007/978-3-658-22490-5_2

2.1 Strukturelle Besonderheiten am Berufskolleg

Das Berufskolleg ist eine berufsbildende Schule, welche ihren SuS eine „umfassende berufliche, gesellschaftliche und personale Handlungskompetenz“ (Ministerium für Schule und Weiterbildung 2016, § 1 Abs. 1) vermittelt. Die Aufnahme setzt die Erfüllung der Vollzeitschulpflicht voraus (vgl. ebd., § 4 Abs. 1). Mit einem Abschluss eines Berufskollegs erhalten die SuS sowohl eine berufliche Bildung wie auch einen allgemeinbildenden Abschluss der Sekundarstufe II (vgl. Ministerium für Schule und Weiterbildung 2016, § 1 Abs. 2). Zudem können die Schulabschlüsse der Sekundarstufe I nachgeholt werden (vgl. ebd.). Insgesamt können Abschlüsse nach Landesrecht, Berufsbildungsgesetz oder zur Berufsvorbereitung und -orientierung erzielt werden (vgl. ebd.). Die jeweiligen Bildungsgänge der einzelnen Fachbereiche sind in die Anlagen A bis E unterteilt (vgl. ebd., § 29). So finden sich beispielsweise in Anlage A die Bildungsgänge der Berufsschule und in Anlage D die Bildungsgänge des Beruflichen Gymnasiums (vgl. ebd.). Je nach Anlage befinden sich die SuS vollzeitschulisch oder in Teilzeit in der Schule, beispielsweise wenn sie im Dualen System eine berufliche Ausbildung absolvieren. In Abhängigkeit des Berufskollegs sind die SuS des Dualen Systems dann für mehrere zusammenhängende Wochen (Blockunterricht) oder an einigen Tagen in der Woche in der Schule. SuS anderer Anlagen befinden sich regelmäßig für einen bestimmten Tag in der Woche oder für mehrere Wochen am Stück in Praktika. Dadurch ergibt sich eine strukturelle Besonderheit des Berufskollegs, dass die tägliche Schülerzahl stark variiert.

Weiterhin besonders ist die Altersstruktur der SuS. Durch ihr Alter von über 16 Jahren ist es allen SuS gestattet, während der Pausenzeiten das Schulgelände zu verlassen. Liegt ein Berufskolleg in einer erschlossenen oder innenstadtnahen Umgebung, können sich die SuS in den Pausen mit Speisen und Getränken von naheliegenden Bäckereien oder Cafés versorgen.

Anders als Ganztagsschulen[3] oder Halbtagsschulen mit Unterrichtszeiten am Nachmittag, sind Berufskollegs wie Weiterbildungskollegs nicht verpflichtet eine Mittagsverpflegung zu ermöglichen (vgl. Wehmöller 2011, S. 13). Findet dennoch eine Mittagsverpflegung statt, wird sie von den Berufskollegs freiwillig angeboten.

2.2 Akteure der Schulverpflegung

An der Schulverpflegung ist ein großes Netzwerk von Akteuren beteiligt. Schulverpflegung kann im engen Kreis, also innerhalb der Organisation Schule und im weiteren Kreis mit Zulieferern und zuständigen Ministerien betrachtet werden. Wichtige

[3] Eine Ganztagsschule entspricht den Bestimmungen des Ministerium für Schule und Weiterbildung 2010.

Akteure im inneren Kreis sind die Schüler-, Eltern-, und Lehrerschaft sowie die Schulleitung und der Caterer oder Küchenbetreiber (vgl. Lülfs & Lüth 2006, S. 23). An Berufskollegs tritt die Elternschaft weiter in den Hintergrund als an allgemeinbildenden Schulen. Im weiteren Kreis sind an der Schulverpflegung der Schulträger und die Schul- und Bildungsministerien des Landes sowie die Erzeuger und Zulieferer in Form von Industrie, Einzel- und Großhandel beteiligt (vgl. ebd.).

Neben dieser recht allgemeinen Struktur unterscheidet sich die Schulverpflegung im Detail von Schule zu Schule. So liegt es neben der Philosophie auch an der Handhabung der Schule, ob die Lehrkräfte und Angestellten der Schule zusammen mit den SuS die Schulverpflegung, insbesondere die Mittagsverpflegung, nutzen. Gegebenenfalls ist die Mittagsverpflegung aufgrund von eingeschränkten Möglichkeiten nur den SuS vorbehalten.

Für die Einführung oder Umsetzung einer gelungenen Schulverpflegung wird die Einrichtung eines Arbeitskreises empfohlen, der sich aus Vertretern aller beteiligten Bereiche zusammensetzt (Bausch 2010, Kapitel 2, S. 7). Dazu gehören neben den Vertretern der Eltern-, Schüler- und Lehrerschaft auch Vertreter der Schulleitung und des Schulträgers sowie eine externe Fachkraft wie Oecotrophologen, Diätassistenten oder Hauswirtschafter und eine „Lehrkraft mit entsprechenden Grundkenntnissen“ (Bausch 2010, Kapitel 2, S. 7). Für das Berufskolleg ergibt sich hier eine Besonderheit wenn der Fachbereich Ernährung und Hauswirtschaft vorhanden ist. Dadurch sind Lehrkräfte nicht nur mit Grundkenntnissen, sondern mit ausgeprägten Fachkenntnissen beschäftigt. Inwieweit diese in die Schulverpflegung eingebunden sind, hängt von der jeweiligen Organisation innerhalb der Schule ab. Zudem ist es relevant, ob noch externe Partner an der Schulverpflegung beteiligt sind. Diese externen Partner sind Cateringunternehmen oder Automatenbestückungsfirmen, die entsprechend den Vereinbarungen die Speisen und Getränke liefern und gegebenenfalls auch Verkaufspersonal stellen. Je nach verwendetem Verpflegungssystem wird ein Teil der Speisen frisch zubereitet oder angeliefert (vgl. ebd., Kapitel 2, S. 12).

Im Rahmen der Hypothesenbildung wird an dieser Stelle festgehalten, dass **eine Fremdbewirtschaftung eine große Herausforderung für die Einbindung der SuS in die Schulverpflegung darstellt (H_{ix}),** da die Einflussnahme und die Mitsprache durch die Lehrkräfte gegenüber einer Eigenbewirtschaftung geringer sind.

2.3 Konkurrenz der Zwischen- und Mittagsverpflegung

Die optimierte Mischkost (kurz: Optimix) ist ein fundiertes und anerkanntes Ernährungskonzept für Kinder und Jugendliche von 1 bis 18 Jahren, welches die Essensvorlieben und -abneigungen von Kindern und Jugendlichen sowie eine kostengünstige und hochwertige Lebensmittelauswahl mit einem geringen Anteil an Fertigprodukten berücksichtigt (vgl. Wabitsch 2010, S. 440; FKE 2017; Koletzko 2010, S. 344). Verteilt wird die empfohlene Nährstoffzufuhr auf fünf Mahlzeiten am Tag, um so die Leistungsfähigkeit über den gesamten Tag möglichst hoch zu halten und große Schwankungen zu vermeiden (vgl. Koletzko 2010, S. 344). Neben den Hauptmahlzeiten Frühstück, Mittagessen und Abendessen werden zwei kleinere Zwischenmahlzeiten empfohlen. Gegenüber den Hauptmahlzeiten dürfen die Zwischenmahlzeiten einen höheren Anteil von fett- und zuckerreichen Lebensmitteln enthalten (vgl. FKE 2017). Dennoch überwiegt auch hier der Anteil der pflanzlichen Lebensmittel (vgl. ebd.).

Für die Schulverpflegung bedeutet das, dass den SuS auch in der Schulzeit eine Möglichkeit der Zwischenverpflegung geboten werden sollte. Weiter heißt es auch, dass die Produkte der Zwischenverpflegung tendenziell zwar etwas süßer sein dürfen, jedoch heißt das nicht, dass Verkaufsautomaten nur mit stark kalorienhaltigen Süßwaren befüllt sein müssen. Entsprechend des Qualitätsstandards für die Schulverpflegung heißt es für das Frühstück und die Zwischenverpflegung sogar: „Süßigkeiten werden nicht angeboten" (DGE 2015, S. 15). Eine Alternative können pikante Snacks aus ungesalzenen Nüssen oder Samen wie Sonnenblumenkernen sein (vgl. ebd.). Weitere empfohlene Speisen für das Frühstück oder die Zwischenverpflegung sind belegte Vollkornbrötchen, Müsli oder Joghurt mit Obst, Rohkost oder gemischte Salate sowie Kräuterquark (vgl. Bausch 2010, Kapitel 3, S. 8). Als Getränke werden neben kostenfreiem Trinkwasser ungesüßte Kräuter- und Früchtetees, Fruchtsaftschorlen mit einem Saft-Wasser-Verhältnis von 1:3, sowie für SuS der Sekundarstufe II Kaffee sowie Schwarz- und Grüntees befürwortet (vgl. Fenner & Wehmöller 2012, S. 24). Generell ist wichtig, dass die Mahlzeiten untereinander abgestimmt sind, um so die empfohlene Nährstoffzufuhr zu gewährleisten.
Insbesondere sollten die Zwischenmahlzeiten weder im Energiegehalt, noch in der Attraktivität in einer Konkurrenz zur Mittagsverpflegung stehen. Dies wird häufig durch die ständige Verfügbarkeit von kleinen, kostengünstigen ‚Snacks' aus dem Kiosk oder Verkaufsautomaten erschwert. Für den Kiosk oder die zusätzliche Cafeteria sind die Öffnungszeiten auf die der Schulmensa abzustimmen, sodass die Angebote der Zwischenverpflegung beispielsweise nur in der Frühstückspause oder nachmittags geöffnet haben. Für Automaten ist diese Einschränkung nicht möglich. Hier muss die Attraktivität der gesunden Alternativen so hoch sein, dass die SuS die gesunde Variante bevorzugen.

2.4 Verpflegungssysteme und Prozessschritte in der Schulverpflegung

Für die Bereitstellung einer Schulverpflegung werden täglich die gleichen Prozessschritte durchlaufen. Hierbei handelt sich um die nachfolgenden acht Schritte:

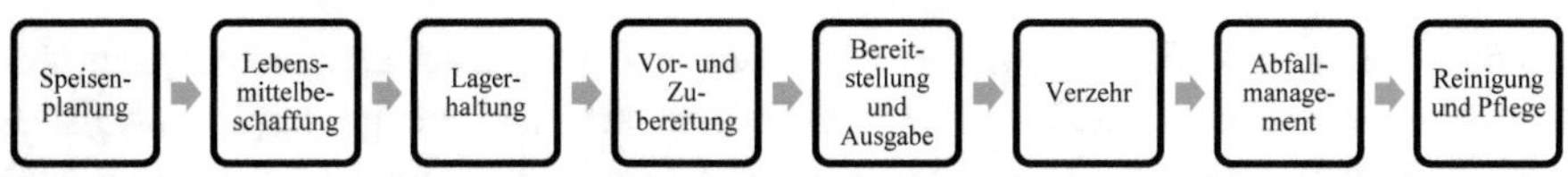

Abbildung 1: Acht Prozessschritte der Schulverpflegung (Quelle: eigene Darstellung nach Kettschau et al. 2014, S. 43)

In der Gemeinschaftsverpflegung und somit auch in der Schulverpflegung stehen unterschiedliche Verpflegungssysteme zur Auswahl, die jeweils Vor- und Nachteile haben. Oft erfolgt die Auswahl anhand der äußeren Rahmenbedingung und Möglichkeiten.

Wie in Tabelle 1 dargestellt, werden in der Frisch- und Mischküche die Speisen frisch vor Ort zubereitet und nur gegebenenfalls durch Convenience-Produkte unterschiedlicher Fertigungsstufen ergänzt. Wählt eine Schule das Tiefkühl- oder Kühlkostsystem, wird der Großteil der Speisen industriell hergestellt und gefroren oder stark gekühlt angeliefert. Die Vor- und Zubereitung wird auf ein Minimum reduziert. In der Warmverpflegung werden die Speisen in einer Zentralküche zubereitet und verzehrfertig zur Mittagszeit angeliefert. So entfallen die Lagerhaltung, Vor- und Zubereitung und die Reinigung und Pflege der Küche, aber nicht die der Verzehrräume.

Tabelle 1: Prozessschritte und Verpflegungssysteme der Schulverpflegung

Prozessschritte	**Frisch- und Mischküche** *„Cook & Serve"*	**Tiefkühlsystem** *„Cook & Freeze"*	**Kühlkost-system** *„Cook & Chill"*	**Warmverpflegung** *„Cook & Hold"*
Hersteller	Küche vor Ort	Industrie	Industrie	Zentralküche
Kennzeichen	Kombination aus frischen Zutaten und Convenience-Produkten unterschiedlicher Fertigungsstufen	Verpflegung mit überwiegend tiefgekühlten Komponenten oder Menüs	Belieferung mit stark gekühlten Speisen zur Lagerung von ein bis drei Tagen	Anlieferung von verzehrfertigen warmen oder kalten Speisen aus einer Zentralküche
Speisenplanung	✓	✓	✓	✓
Lebensmittelbeschaffung	✓	✓	✓	✓
Lagerhaltung	✓	✓	✓	-
Vor- und Zubereitung	✓	(✓)	(✓)	-
Bereitstellung und Ausgabe	✓	✓	✓	✓
Verzehr	✓	✓	✓	✓
Abfallmanagement	✓	✓	✓	✓
Reinigung und Pflege	✓	✓	✓	(-)
Legende: - : entfällt; (-) entfällt eingeschränkt; (✓) : findet eingeschränkt statt; ✓: findet statt				

(Quelle: eigene Darstellung in Anlehnung an aid 2007, S. 10)

Die Wahl des Verpflegungssystems wirkt sich auch auf die auf die ernährungsphysiologische, sensorische, und hygienische Qualität aus. Die ernährungsphysiologische Qualität nimmt mit Abnahme der verwendeten frischen Produkte von der Frisch- und Mischküche hin zur Warmverpflegung konstant ab (vgl. aid 2007, S. 13). Ebenso leidet bei der Warmverpflegung die sensorische Qualität stärker als bei den anderen drei Verpflegungssystemen (vgl. ebd.). Die hygienische Qualität ist bei den industriell erzeugten Lebensmitteln durch die höchsten Standards und Kontrollen am besten (vgl. ebd.). Bei der Frisch- und Mischküche und der Warmverpflegung ist sie stark von der Schulung und Fähigkeit des Personals abhängig (vgl. ebd.).
Die Frisch- und Mischküche sowie Warmverpflegung unterscheiden sich weiterhin stark in der Kostenstruktur. Während die Wareneinsatzkosten durch einen sehr hohen Anteil unverarbeiteter Lebensmittel bei der Frisch- und Mischküche mit 45 % anteilig gering sind, beträgt der Wareneinsatz bei der Warmverpflegung 60-63 % (aid 2011, S. 38). Dadurch unterscheiden sich auch die Kosten für das Personal. Diese sind mit 50-52 % bei der Frisch- und Mischküche deutlich höher, als bei der Warmverpflegung mit 35-38 % (ebd.).
Welches Verpflegungssystem nun für eine Schule das Beste ist, hängt insbesondere von äußeren Faktoren ab. Die Frisch- und Mischküche benötigt mit 207 m^2 die größte Fläche für eine Versorgung von 500 Personen (vgl. ebd., S. 13). Die Tiefkühl- und Kühlkostversorgung benötigen für die gleiche Anzahl Personen jeweils nur 125 m^2 (vgl. ebd., S. 20–22). Am wenigsten Fläche benötigt die Warmverpflegung mit nur 80 m^2 für eine vergleichbare Personenzahl (vgl. ebd., S. 23).
Während in der Betriebsgastronomie (64 %) und in Krankenhäusern (86 %) die Frisch- und Mischküche überwiegend verwendet wird, trifft dies nur auf 22 % der Schulverpflegung zu (vgl. aid 2011, S. 10). Stattdessen werden 63 % über eine Warmverpflegung versorgt (vgl. ebd.). Da unter Schulverpflegung nicht die einzelnen Schulformen aufgeschlüsselt sind, ist davon auszugehen, dass hier besonders die allgemeinbildenden Schulen befragt worden sind. Im Unterschied zu Berufskollegs mit dem Berufsfeld Ernährung und Hauswirtschaft verfügen diese nicht über eine schuleigene Küche, die für den Unterricht benötigt wird. So scheint es rentabler, anstelle in eine Frisch- und Mischküche mit vollausgestatteter Großküche in eine Warmverpflegung zu investieren. Ist jedoch, wie an vielen Berufskollegs, schon eine funktionsfähige Großküche vorhanden, so ist es wirtschaftlich betrachtet deutlich sinnvoller eine Frisch- und Mischküche zu verwenden.

2.4.1 Speisenplanung

Für die Speisenplanung der Schulverpflegung hat die DGE in Kooperation mit den Initiativen IN FORM und SCHULE + ESSEN = NOTE 1 einen Qualitätsstandard entwickelt (vgl. DGE 2015). Auch wenn dieser speziell für die Bedürfnisse von Kindern und Jugendlichen entwickelt wurde, die in allgemeinbilden Ganztagschulen an einer verpflichtenden Schulverpflegung teilnehmen, so kann sich ein Berufskolleg auch an diesen Empfehlungen orientieren. Unabhängig davon, unter welchen Kriterien die Mittagsverpflegung geplant wird, muss zunächst ein Speisenplan erstellt werden. Hierbei sind neben der Produktverfügbarkeit, den -kosten sowie den Vorlieben der Konsumenten besonders die betrieblichen Rahmenbedingungen zu beachten (vgl. Kettschau et al. 2014, S. 45). Zu diesen betrieblichen Rahmenbedingungen gehören neben dem Ausgabe- und Verpflegungssystem auch die Küchenausstattung und -größe, sowie die Anzahl der Mitarbeiter (vgl. ebd.). So kann sich beispielsweise eine Kombination verschiedener Speisen für ein Menü ausschließen, da für beide Speisen das gleiche Zubereitungsgerät gebraucht wird. Auch sollte auf Speisen verzichtet werden, die sich selbst für kurze Zeit nicht gut warm halten lassen. Wie für andere Verpflegungssysteme in der Gemeinschaftsverpflegung wird auch für die Schulverpflegung ein abwechslungsreiches Angebot[4] mit einem Rotationszyklus von vier Wochen empfohlen (DGE 2015, S. 17). Des Weiteren sollte das Angebot im Vorfeld bekannt gemacht werden und eindeutig bezeichnet sein (vgl. ebd., S. 20). Dazu gehört beispielsweise die Angabe der genauen Tierart bei Fisch, Fleisch und Wurstwaren sowie der Verzicht von erfundenen Produktbezeichnungen wie „Kapitänsmenü" statt „Kartoffelpüree mit frittierten Seelachsfischstäbchen mit Salatbeilage" (vgl. ebd.).

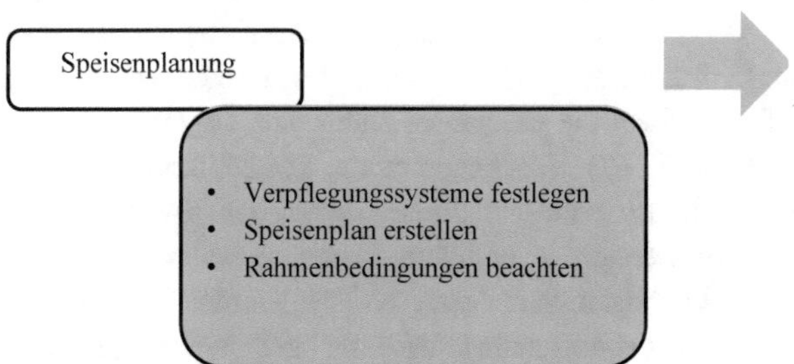

Abbildung 2: Tätigkeiten in der Speisenplanung (Quelle: eigene Darstellung)

[4] Die Anforderungen an einen Vier-Wochen-Speisenplan sind dem DGE-Qualitätsstandard zu entnehmen (vgl. DGE 2015, S. 19)

2.4.2 Lebensmittelbeschaffung

In Abhängigkeit von dem geplanten Verpflegungssystem kann die Lebensmittelbeschaffung ausfallen. Selbst eine Frisch- oder Mischküche bezieht einen Teil ihrer Waren, wie geschälte Kartoffeln, als Convenience-Produkte[5] (vgl. Fenner & Wehmöller 2012, S. 28). Da von einer vollwertigen Schulverpflegung im Sinne der DGE ausgegangen wird, sind frische, qualitativ hochwertige Lebensmittel zu wählen und entsprechende Lieferanten zu bestimmen. Zudem muss ausgehend von der teilnehmenden Personenzahl eine Mengenkalkulation stattfinden. Diese wird zudem beeinflusst von der Lagerfähigkeit und Haltbarkeit der Produkte: „Je länger die Speisen kühl lagern, desto höher ist der Nährstoffverlust" (ebd., S. 29).

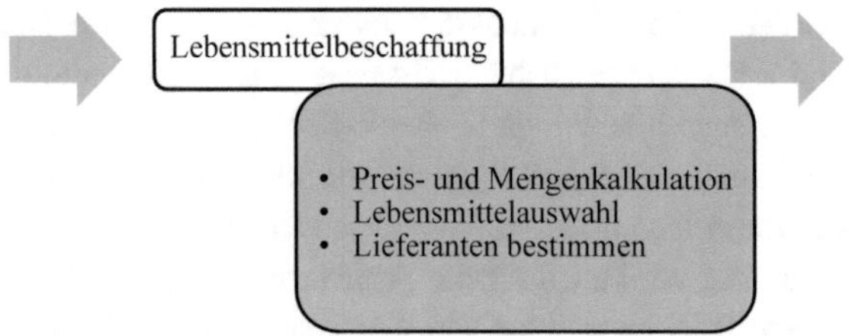

Abbildung 3: Tätigkeiten in der Lebensmittelbeschaffung (Quelle: eigene Darstellung)

2.4.3 Lagerhaltung

Unter die Lagerhaltung fallen alle Tätigkeiten der Warenannahme, -lagerung, -verwaltung/-überwachung sowie -entnahme und -ausgabe (vgl. Kettschau et al. 2014, S. 52). Auch hier muss wieder unterschieden werden, welches Verpflegungssystem die jeweilige Schule führt. Angelieferte Rohwaren müssen entsprechend eines HACCP-Konzepts kontrolliert und auf die geeigneten Kühl- oder Lagerräume verteilt werden (vgl. Weh-möller 2011, S. 67). Trockenprodukte, Tiefkühlkost und frische Waren wie Obst und Gemüse haben unterschiedliche Lagerzeiten. Generell gilt jedoch „je kurzfristiger vor Verwendung Sie anliefern lassen, desto weniger Lagerkapazitäten (Räume, Geräte) benötigen Sie" (ebd., S. 68). Werden verzehrfertige, warme Speisen angeliefert, so ist sicherzustellen, dass sie erst unmittelbar vor der Ausgabe im Speisenraum geliefert und sofort warmgestellt werden (vgl. ebd.). Es gilt „je kürzer also die Warmhaltezeit, desto besser ist die hygienische Qualität sowie der Nähr- und Genusswert der Speisen" (ebd., S. 69).

---

[5] Convenience-Produkte unterscheiden sich durch ihren Zubereitungsgrad von der Grundstufen und küchenfertigen Lebensmitteln bis hin zu verzehr-/tischfertigen Lebensmitteln (DGE 2016; vgl. aid 2017).

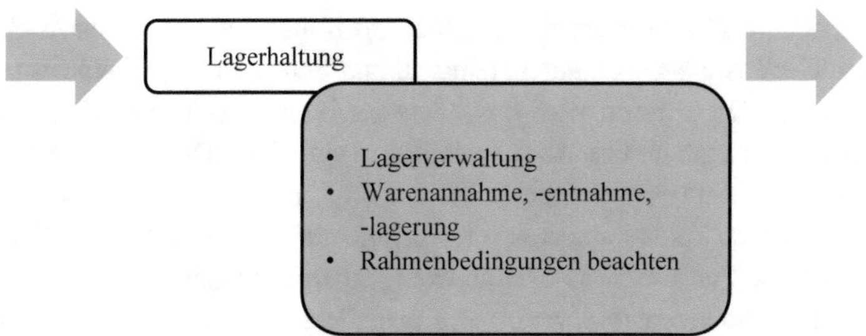

Abbildung 4: Tätigkeiten in der Lagerhaltung (Quelle: eigene Darstellung)

2.4.4 Vor- und Zubereitung

Je nach Verpflegungssystem müssen die gelieferten Waren für die Speisenausgabe vor- und zubereitet werden. Dazu gehören das Waschen und Schneiden von Obst und Gemüse, Parie-ren, Filetieren, Portionieren und Garen von Fleisch und Fisch, Ansetzen der Saucen und Zu-bereitung der kalten Speisen wie Desserts, Dressings oder Brötchen für das Frühstück oder die Zwischenverpflegung (vgl. aid 2007, S. 24–25). Für das Garen können verschiedene Me-thoden wie Braten, Dämpfen, Kochen, Backen, Frittieren oder Dünsten gewählt werden (vgl. ebd.). Im Sinne der vollwertigen Ernährung sollte auf eine fettarme Zubereitung durch Ko-chen, Dünsten, Dämpfen oder Grillen geachtet werden (vgl. DGE 2015, S. 20). Zudem sollte sparsam, aber am besten mit Jodsalz, gesalzen werden (vgl. ebd.). Um Geschmack und Optik zu verbessern werden frische oder tiefgekühlte Kräuter zum Würzen empfohlen (vgl. ebd.). Trotz gegebenenfalls längerer Warmhaltezeiten sollten die Speisen immer noch bissfest sein und farblich ansprechend aussehen (vgl. ebd., S. 21).

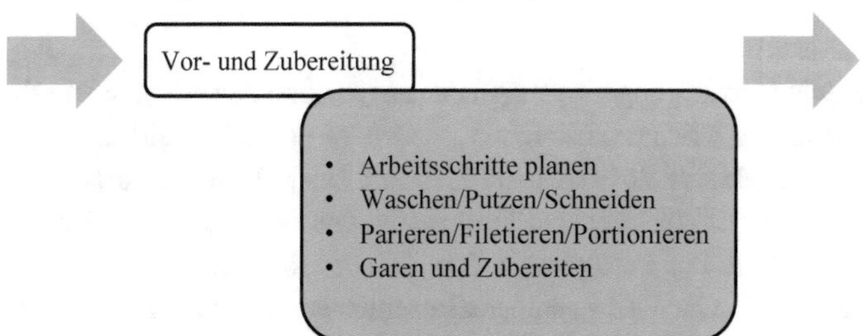

Abbildung 5: Tätigkeiten in der Vor- und Zubereitung (Quelle: eigene Darstellung)

2.4.5 Bereitstellung und Ausgabe

Unabhängig von dem Verpflegungssystem muss für die Bereitstellung und Ausgabe der Speisen ein Ausgabesystem gewählt werden. Zur Wahl stehen die Tischgemeinschaft, die Cafeteria-Line und das Free-Flow-System (vgl. Bausch 2010, Kapitel 2, S.

27). Die Tischgemeinschaft entspricht der Situation zu Hause, bei der in festen Gemeinschaften am Tisch von Speisen aus bereitgestellten Schüsseln und Gefäßen gespeist wird (vgl. ebd.). Diese Form wird besonders für jüngere SuS empfohlen, bei denen eine familiäre Atmosphäre besonders wichtig ist (vgl. ebd.). Die Cafeteria-Line kennzeichnet sich durch eine Ausgabetheke, bei der die fertig portionierten Speisen auf einem Teller mit einem Tablett abgeholt werden (vgl. ebd.). Durch mögliche Wünsche wie eine veränderte Portionsgröße oder anderen Änderungen kann es hier schnell zu langen Wartezeiten kommen (vgl. ebd.). Bei dem Free-Flow-System werden an mehreren Ausgabetheken die einzelnen Menükomponenten angeboten, welche frei kombiniert werden können (vgl. ebd.). Hierfür wird ein besonders großer Raum benötigt, der wirtschaftlich nur bei einer hohen Essenszahl sinnvoll ist (vgl. ebd.). Für alle Ausgabesysteme gilt, dass das Angebot schnell erfassbar sein muss, die Speisen möglichst kurz in der Ausgabe stehen, aber das Angebot möglichst vollständig verfügbar ist (vgl. Kettschau et al. 2014, S. 59).

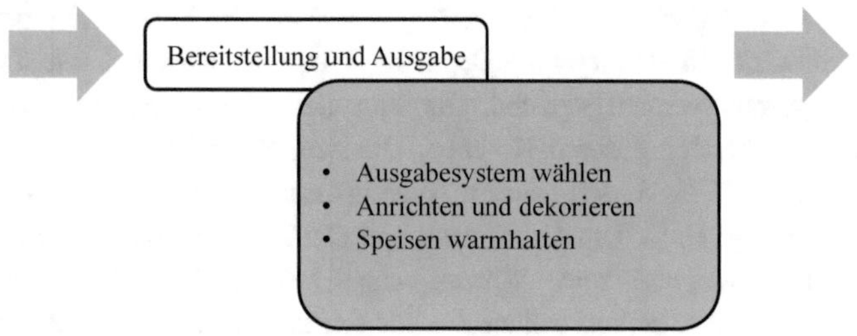

Abbildung 6: Tätigkeiten in der Bereitstellung und Ausgabe (Quelle: eigene Darstellung)

2.4.6 Verzehr

Ziel ist es, für die Schulverpflegung eine möglichst angenehme Atmosphäre zu schaffen, um die Akzeptanz der Mittagsverpflegung zu fördern und mit positiven Eindrücken zu verknüpfen (vgl. Bausch 2010, Kapitel 2, S. 28). Beeinflusst wird diese positive Atmosphäre durch die Einrichtung, die Dekoration, das Personal, den Lärmpegel und Nebengeräusche sowie der verfügbaren Zeit. Die Einrichtung sollte neben der Funktionalität besonders den Bedürfnissen der Konsumenten entsprechen. Das bedeutet, dass sich die Tische gegebenenfalls leicht zusammen- oder auseinanderschieben und Stühle verrücken lassen können. Ideal ist zudem ein freundlicher, heller Raum mit vielen Fenstern und einigen Grünpflanzen zur Dekoration. Für die Wandgestaltung wird empfohlen, die SuS miteinzubinden, um die Akzeptanz zu fördern (vgl. ebd., Kapitel 2, S. 29). Das Personal sollte fachkundig sein und bei Fragen bezüglich Lebensmittelunverträglichkeiten oder Einschränkungen weiterhelfen können (vgl. Kettschau et al. 2014, S. 61). Der Lärmpegel lässt sich durch schallabsorbierende Wände und

Decken reduzieren (vgl. Bausch 2010, Kapitel 2, S. 31). Für die Mittagsverpflegung muss ausreichend Zeit eingeplant werden. So wird eine 60 minütige Pause empfohlen, die genügend Zeit bietet, um die Mensa zu erreichen, sich anzustellen und ein Essen zu wählen, entspannt und langsam zu essen und gegebenenfalls nach dem Essen kurz sitzenzubleiben und sich zu unterhalten (vgl. DGE 2015, S. 23).

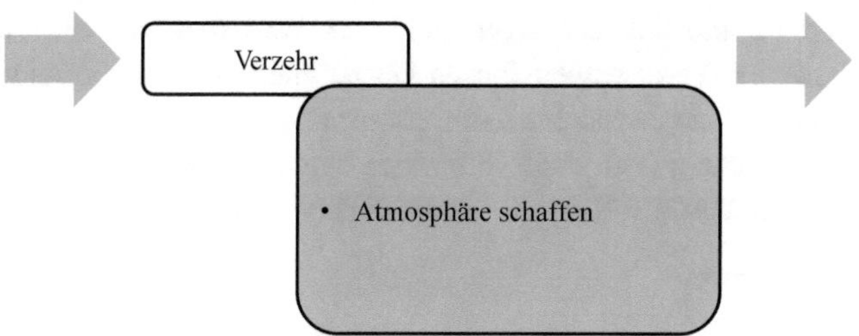

Abbildung 7: Tätigkeiten im Verzehrs (Quelle: eigene Darstellung)

2.4.7 Abfallmanagement

Je nach gewähltem Versorgungssystem fällt unterschiedlicher Abfall an. Während in einer Mischküche viele biologische Abfälle vom Zubereiten der Rohwaren zurück bleiben, werden Tiefkühlprodukte häufig in Verpackungen aus Plastik geliefert. In der Warmverpflegung werden häufig Mehrwegsysteme genutzt, die den Anforderungen entsprechen, die Speisen auf entsprechender Temperatur zu halten, dennoch sind die Speisen zusätzlich separat verpackt. Um Abfall zu sparen, sollte hier, wie bei allen Versorgungssystemen, beachtet werden, Mehrportionengebinde gegenüber Einzelportionen zu bevorzugen sind (vgl. aid 2014, S. 21). Generell gilt, dass der anfallende Abfall richtig getrennt und entsorgt werden muss. Dazu gehören ebenso die Installation eines Fettabscheiders und die Entsorgung kritischer Stoffe wie Reinigungs- und Desinfektionsmittel (vgl. Kettschau et al. 2014, S. 63).

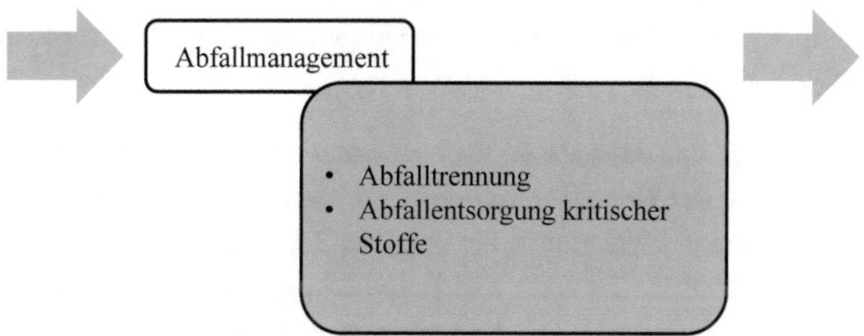

Abbildung 8: Tätigkeiten im Abfallmanagements (Quelle: eigene Darstellung)

2.4.8 Reinigung und Pflege

Sowohl die Küchen- und Lagerräume als auch der Speisesaal der Mensa müssen gereinigt und gepflegt werden. Dies trägt nicht nur zur hygienischen Qualität bei, sondern erhöht weiterhin die Attraktivität für die Angestellten und SuS (vgl. Kettschau et al. 2014, S. 67). Unter der Reinigung ist die Entfernung von Verschmutzungen und unter Pflege die Behandlung mit Schutz-Pflegemitteln zum Werterhalt zu verstehen (vgl. ebd.). Dabei müssen für die unterschiedlichen Oberflächen die entsprechenden Reinigungs- oder Pflegemittel angewendet werden. Relevant sind besonders die Art und Intensität der Verschmutzung (vgl. ebd.). Für einen hygienisch arbeitenden Betrieb ist die Koppelung an ein HACCP-Konzept unerlässlich (vgl. ebd., S. 68).

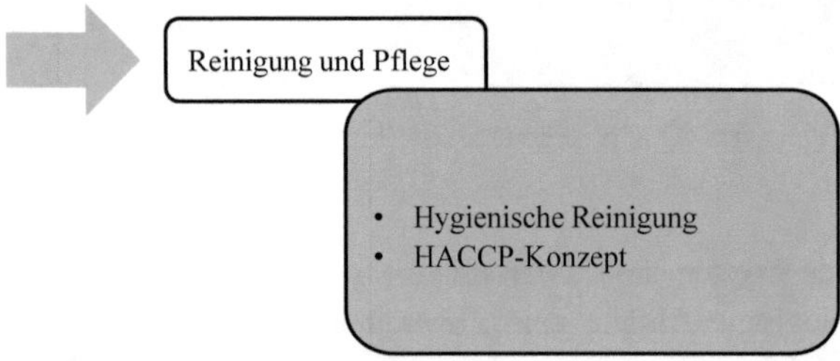

Abbildung 9: Tätigkeiten in der Reinigung und Pflege (Quelle: eigene Darstellung)

2.5 Nachhaltigkeit in der Schulverpflegung am Berufskolleg

> *„Sustainable development is development that meets the needs of the present without compromising the ability of future generations to meet their own needs"*
> (Brundtland 1987, S. 41)

> „Dauerhafte (nachhaltige) Entwicklung ist eine Entwicklung, die den Bedürfnissen der heutigen Generation entspricht, ohne die Möglichkeiten künftiger Generationen zu gefährden, ihre eigenen Bedürfnisse zu befriedigen und ihren Lebensstil zu wählen" (Hauff 1987, S. XV)

Nach der erstmaligen Prägung des Begriffes ‚nachhaltige Entwicklung' durch den Brundtland-Bericht 1987 wurde der Begriff durch die Konferenz der Vereinten Nationen für Umwelt und Entwicklung 1992 durch die Agenda 21 weiterentwickelt (vgl. Konferenz der Vereinten Nationen für Umwelt und Entwicklung 1992). Auf Grundlage der Agenda 21 wurde in Deutschland 2002 die erste nationale Nachhaltigkeitsstrategie entwickelt, welche seitdem in regelmäßigen Abständen erneuert wird (Presse- und Informationsamt der Bundesregierung 2017).

Der Begriff ‚Nachhaltigkeit', abgeleitet aus der nachhaltigen Entwicklung, umfasst heute weit mehr als die ersten beschriebenen Ansätze von Hans Carl von Carlowitz, nach denen nur so viele Bäume gerodet werden dürfen, wie auch wieder nachwachsen können (vgl. von Hauff & Kleine 2009, S. 1). Der Begriff Nachhaltigkeit lässt sich anhand verschiedener Modelle verdeutlichen. Besonders bekannt sind das Drei-Säulen-Modell und das Nachhaltigkeitsdreieck, welche durch verschiedene Ergänzungen immer wieder überarbeitet werden. So gibt es beispielsweise das Drei-Säulen-Modell mit den drei Säulen ‚Ökonomie', ‚Ökologie' und ‚Soziales' und dem Dach ‚Nachhaltigkeit' auch mit einem Fundament ‚Natürliche Ressourcen/Klima', welches als „gewichtetes Säulenmodell" bekannt ist (vgl. Spindler o. J., S. 13).
Der Begriff Nachhaltigkeit wird zunehmend populärer. Während er in der freien Wirtschaft oft zu Marketingstrategien eingesetzt wird (vgl. REWE 2017; Henkel 2017; DER Touristik 2017; Innocent 2017)[6], hat er in den Curricula der Berufe des Berufsfeldes Ernährung und Hauswirtschaft durch die Initiative „Berufliche Bildung für eine nachhaltige Entwicklung" (kurz: BBnE) des Bundesinstituts für Berufsbildung bereits seinen festen Platz gefunden (vgl. BIBB 2013).

> „Bildung für eine nachhaltige Entwicklung […] hat zum Ziel, die Menschen zur aktiven Gestaltung einer ökologisch verträglichen, wirtschaftlich leistungsfähigen und sozial gerechten Umwelt unter Berücksichtigung globaler Aspekte zu befähigen" (BMBF 2002, S. 4).

So erlangen die SuS Kompetenzen, mit denen sie den Herausforderungen wie hohem Energiebedarf für die Nahrungsproduktion, steigendem Fleischverzehr, Ressourcenknappheit und sich widersprüchlich verhaltende Konsumenten begegnen können (vgl. BIBB 2013, S. 37). Wie wichtig es ist, sich mit einer nachhaltigen Ernährung auseinanderzusetzen zeigt auch eine Studie von Greenpeace, in der deutlich wird, dass die Ernährung den größten Anteil am ökologischen Fußabdruck hat (vgl. Greenpeace 2008, S. 15). Daher kommt der Schulverpflegung als Gemeinschaftsverpflegung und damit auch der Institution Schule, die täglich eine große Personenzahl ernährt, eine hohe Bedeutung zu. Für die bildenden Schulen umso mehr, da hier die SuS nicht nur für sich selber lernen, sondern in ihren späteren Berufen als Multiplikatoren wirken. Selbst wenn die Schulverpflegung nicht in das Bildungsangebot eingebunden ist, so prägt sie die SuS jeden Mittag in der Schule in ihrem Ernährungsverhalten.

> „Eine Bio-Beilage im Speisenplan oder ein Riegel aus fairem Handel im Kiosk ist noch keine nachhaltige Schulverpflegung" (Strassner 2013, S. 15)

---

[6] Hierbei handelt es sich um eine zufällige Auswahl von Unternehmen, die bei der Suchanfrage „Nachhaltigkeit" angezeigt wurden.

Was ist eine nachhaltige Schulverpflegung? Nachhaltige Schulverpflegung wirkt nicht nur in den drei Dimensionen Ökologie, Ökonomie und Soziales, sondern auch in der vierten Dimension Gesundheit (vgl. DGE 2015, S. 36). Für eine nachhaltige Schulverpflegung gelten neben den Empfehlungen für eine nachhaltige Ernährung wie die bevorzugte Wahl von gering verpackten, ökologischen, regionalen und saisonalen Lebensmitteln mit einem hohen Anteil pflanzlicher Kost s noch weitere wichtige Aspekte (vgl. ebd.). Besonders in der ökologischen Dimension können durch energiesparende Küchengeräte, Mehrfachgebinde, Reduzierung und Recycling von Abfällen, Mehrwegverpackungen, recycelte Papiertücher/-servietten, die genaue Dosierung von Reinigungs- und Desinfektionsmitteln und ein überwiegend pflanzliches Angebot mit einer ovo-lacto-vegetarischen[7] Menülinie die Treibhausgasemissionen reduziert werden (vgl. DGE 2015, S. 37). Die ökonomische Dimension wird durch die optimale Nutzung vorhandener Ressourcen, den kurzen Transportwegen, attraktiven Angeboten und qualifiziertem Personal angesprochen (vgl. ebd., S. 38). Soziale Aspekte sind der Einkauf von Produkten aus fairem Handel, faire Vergütung, Wertschätzung von Personal und Kunden und die Förderung der regionalen Wirtschaft, beispielsweise durch regionale Lieferanten (vgl. ebd.). Bezüglich der Dimension Gesundheit sind für die nachhaltige Schulverpflegung die Einhaltung der DGE-Qualitätsstandards, Bereitstellung von kostenfreiem Trinkwasser, die Verwendung belastungsarmer Lebensmittel und ein hygienisches und ergonomisches Arbeiten wichtig (vgl. ebd., S. 37).
Bezogen auf die Wahl des Verpflegungssystems kann festgehalten werden, dass in der Frisch- und Mischküche am nachhaltigsten gewirtschaftet wird, da ein großer Einfluss auf die Auswahl, Herkunft und Verpackung der Produkte und die Nutzung der bestehenden Ressourcen wie Küchenausstattung und Personal möglich ist.

Ein Modell, welches die oben vorgestellten Modelle ergänzt, wurde speziell für die nachhaltige Verpflegung entwickelt und enthält ein Fundament (wirtschaftlich), zwei Säulen (attraktiv und gesund) und ein Dach (gerecht und ökologisch) (vgl. Roehl, R. & Strassner, C. 2010, S. 10–13; Roehl, R. & Strassner, C. 2012, S. 12).

2.5.1 Das Integrierende Nachhaltigkeits-Dreieck

Das Integrierende Nachhaltigkeits-Dreieck (kurz: IND) hat, gegenüber dem Drei-Säulen-Modell den Vorteil, dass eine „oft unangemessene isolierte Betrachtung der ökologischen, ökonomischen und sozialen Nachhaltigkeit“ (von Hauff & Kleine 2007, S. 33) aufgelöst wird. Es wird ermöglicht, Handlungsfelder mit „Mischcharakter“ (ebd.) zu verorten. Die unten aufgeführte Darstellung wird auch Integrierendes Nachhaltigkeits-Dreieck nach von Hauff und Kleine genannt. Dabei können jedoch nicht

[7] Vegetarische Ernährung, bei der Eier und Milchprodukte erlaubt sind (vgl. Leitzmann 2010, S. 1081).

immer alle drei Aspekte gleichermaßen einbezogen werden. Vielmehr ist gemeint, dass Nachhaltigkeit nicht auf einen einzelnen Aspekt wie Ökologie reduziert werden kann, sondern sehr vielseitig und vielschichtig ist. So ergeben sich aus den Dreiecksseiten zehn Felder im Inneren des Dreiecks mit einer unterschiedlichen Ausprägung der einzelnen Aspekte. Nach von Hauff und Kleine sind diese Felder benannt in: stark sozial – vorwiegend sozial – sozial-ökologisch – sozial-ökonomisch – vorwiegend ökologisch – vorwiegend ökonomisch – sozial-ökologisch-ökonomisch – stark ökologisch – ökologisch-ökonomisch sowie stark ökonomisch (vgl. von Hauff & Kleine 2007, S. 33).

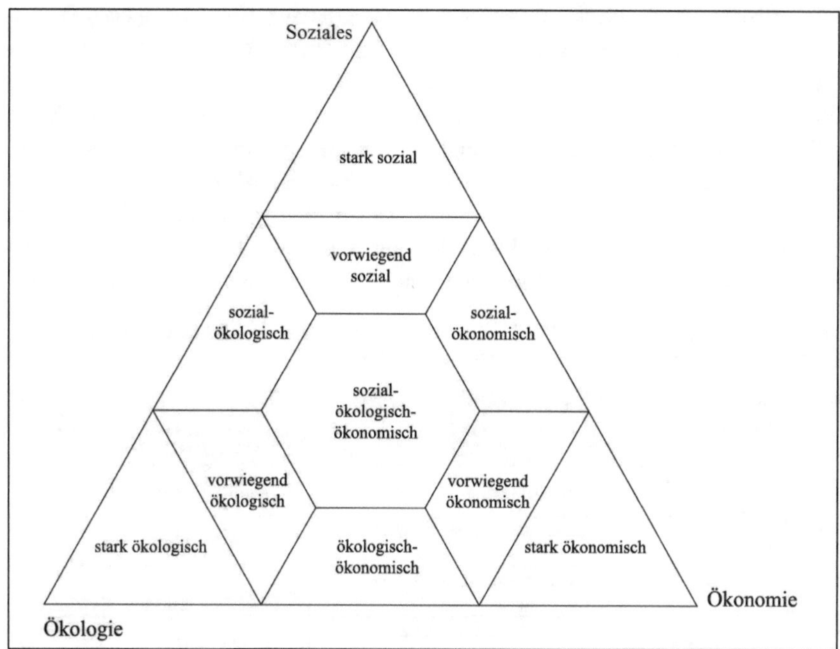

Abbildung 10: Integrierendes Nachhaltigkeits-Dreieck nach von Hauff und Kleine
(Quelle: eigene Darstellung nach von Hauff & Kleine 2009, S. 125)

2.5.2 Nachhaltigkeit in den Prozessschritten

Kettschau et al. (2014) haben das Integrierende Nachhaltigkeits-Dreieck benutzt, um die Handlungsfelder einer nachhaltigen Gemeinschaftsverpflegung einzelnen Aspekten der Nachhaltigkeit zuzuordnen (vgl. S. 41 ff.). Bei den Handlungsfeldern handelt es sich beispielsweise um „Zubereitungstechniken", „Abfallmenge" oder „Wasserverbrauch". Da das IND nicht die Dimension Gesundheit berücksichtigt, wird sie beispielsweise durch die Handlungsfelder „Ernährungsphysiologie der Speisen" bedacht.

Insgesamt benennen Kettschau et al. 38 unterschiedliche Handlungsfelder der Gemeinschaftsverpflegung. Da es sich bei der Schulverpflegung nur um einen Teil der Gemeinschaftsverpflegung handelt, muss zunächst untersucht werden, ob alle Handlungsfelder der Gemeinschaftsverpflegung relevant für die Schulverpflegung sind. Nicht relevant, da es sich nicht um einen eigenständigen Betrieb handelt, sind die Handlungsfelder „Fachkraftschlüssel", „Fortbildungstage pro Mitarbeiter", „Arbeitsverträge", „Mitarbeiterbeteiligung", „Löhne und Gehälter", „Gesundheitsprogramme für Angestellte", „Vereinbarkeit von Familie und Beruf" und die „Beschäftigung von Menschen mit Behinderungen" (Kettschau et al. 2014, S. 41). Die Handlungsfelder sind nach Kettschau et al. jeweils einem Feld im Integrierenden Nachhaltigkeits-Dreieck nach von Hauff & Kleine zugeordnet. So ist beispielsweise das Handlungsfeld „tierische Produkte aus artgerechter Tierhaltung" dem Feld „sozial-ökologisch" des integrierenden Nachhaltigkeitsdreieck zugeordnet (vgl. Kettschau et al. 2014, S. 41). Anschließend werden die Handlungsfelder nicht nur dem gesamten Prozessschritt, sondern auch den einzelnen Tätigkeiten aus Abschnitt 2.4 zugeordnet.

Die Handlungsfelder sind dabei als Schlüsselpunkte zu sehen, an denen im Sinne der Nachhaltigkeit gehandelt werden kann. Welcher Aspekt der Nachhaltigkeit dabei berücksichtigt wird, ist durch die Zuordnung zum jeweiligen Handlungsfeld erkennbar.

Tabelle 2: Auszug der Tabelle 11a-h: Zuordnung von Handlungsfeldern zu Feldern des IND und den Prozessschritten der Schulverpflegung

Prozessschritt	Tätigkeit	Handlungsfelder (nach Kettschau et al. 2014, S. 41)	Feld im IND (nach von Hauff & Kleine 2009, S. 125)
Speisenplanung	Verpflegungssystem festlegen	Abfallmenge	ökonomisch-ökologisch
	Speisenplan erstellen	Attraktivität des Speisenangebots	sozial-ökonomisch
		Ernährungsphysiologie der Speisen	stark sozial
		Fleischanteil am Gesamtlebensmitteleinsatz	sozial-ökologisch
		Beschaffungsquote für regionale & saisonale Lebensmittel	vorwiegend ökologisch
		Zubereitungstechniken	sozial-ökologisch-ökonomisch
		Wasserverbrauch	ökonomisch-ökologisch
		Energieverbrauch	ökonomisch-ökologisch
	Rahmenbedingungen beachten	Anteil regenerativer Energie am Gesamtenergieeinsatz	stark ökologisch
		Subventionen	stark ökonomisch
		Verankerung von Nachhaltigkeit im Leitbild	vorwiegend ökonomisch
		Prozessqualität	stark ökonomisch
		Umsatz	stark ökonomisch

(Quelle: eigene Darstellung)

Tabelle 2 zeigt auf, wie vielfältig die Möglichkeiten zum nachhaltigen Handeln in der Schulverpflegung sind.

2.6 Ernährungsbildung im Berufsfeld Ernährung und Hauswirtschaft

2.6.1 Berufsfeld Ernährung und Hauswirtschaft

Das Berufsfeld ‚Ernährung und Hauswirtschaft' gehört den 13 Berufsfeldern an, die sich auf Grundlage ihrer inhaltlichen oder funktional verwandten (Ausbildungs-) Berufe gebildet haben (vgl. Schmid & Klenk 2017). Es gehört neben ‚Gesundheit und Pflege', ‚Erziehung und Soziales' und der ‚Körperpflege' den personenbezogenen Dienstleistungsberufen an (vgl. Friese 2010, S. 317). Bis zum Jahr 2010 wurden dem Berufsfeld Ernährung und Hauswirtschaften 29 Berufe (acht außerhalb BBiG/HwO und 21 gemäß BBiG/HwO) zugeordnet. Das Bundesinstitut für Berufsbildung benennt insgesamt 54 Berufsfelder bis 2010 und 50 Berufsfelder ab 2010 (vgl. Tiemann & Helmrich 2010, S. 37). Hier werden weniger Berufe zusammengefasst, was dazu führt, dass das Berufsfeld Ernährung und Hauswirtschaft namentlich nicht aufgeführt ist. Stattdessen werden die Berufsfelder des Ernährungsgewerbes, die Hotel- und Gaststättenberufe und Hauswirtschaft getrennt aufgeführt (vgl. Tiemann & Helmrich 2010, S. 37; BIBB 2017, S. 318). Im Jahr 2010 wurden die Berufe Hauswirtschaftshelfer/-in und Hauswirtschaft und Sozialpflege zusammengefasst. Seitdem umfasst das Berufsfeld Ernährung und Hauswirtschaft 28 Berufe, wie in der nachfolgenden Tabelle 3 dargestellt ist:

Tabelle 3: Berufsfeld Ernährung und Hauswirtschaft gemäß und außerhalb BBiG/HwO

Gemäß BBiG/HwO	Außerhalb BBiG/HwO
Back-, Konditor-, Süßwarenherstellung: • Bäcker/-in • Konditor/-in • Süßwarentechnologe/-in • Speiseeishersteller/-in	Hotel- und Gaststättenberufe • Systemgastronomie • Servicefachkraft • Fachkraft für Euor-Hotelmanagement • Assistent/-in für das Gaststätten- und Fremdenverkehrsgewerbe
Fleischer/-innen	
Köche/Köchinnen	
Getränke und Genussmittelherstellung • Brauer/-in & Mälzer/-in • Brenner/-in • Destillateur/-in • Weintechnolog/-in • Fachkraft für Fruchtsafttechnik	
Hotel- und Gaststättenberufe • Restaurantfachfrau/-mann • Fachfrau/-mann für Systemgastronomie • Hotelkauffrau/-mann • Hotelfachfrau/-mann • Fachkraft im Gastgewerbe	Haus- und ernährungswissenschaftliche Berufe • Wirtschafter/-in, Hauswirtschafter/-in, hauswirtschaftliche(r) Assistent/-in bzw. Hauswirtschaftsassistent/-in • Staatlich geprüfte Fachkraft für Haushaltsführung und ambulante Betreuung

Gemäß BBiG/HwO	Außerhalb BBiG/HwO
Haus- und ernährungswissenschaftliche Berufe • Hauswirtschafter/-in	• Hauswirtschaftshelfer/in, Hauswirtschaft und Sozialpflege
Sonstige Ernährungsberufe • Molkereifachfrau/-mann • Fachkraft für Lebensmitteltechnik • Müller/-in • Verfahrenstechnologe/-technologin in der Mühlen und Futterwirtschaft	

(Quelle: eigene Darstellung in Anlehnung an BIBB 2015, S. 48; Friese 2010, S. 317–319)

Wie Kettschau (2013) festgehalten hat, ist das Berufsfeld Ernährung und Hauswirtschaft gekennzeichnet durch seine Heterogenität (vgl. S. 1-15). So finden sich gewerblich-technische Berufe (z. B. Fachkraft für Lebensmitteltechnologie), kaufmännische Berufe (z. B. Hotelkauffrau/Hotelkaufmann) und personenbezogene Berufe (Hauswirtschafter/-in) wieder (vgl. Kettschau 2013, S. 4). Besonders im Bereich der Hauswirtschaft zeichnet sich bundesweit ein starker Rückgang der Ausbildungszahlen von -5,5 Prozent von 2015 nach 2016 ab (BIBB 2017, S. 35).

2.6.2 Ernährungsbildung durch das REVIS-Konzept

„Eine Esskultur der Jugend ist ein historisches Novum"
(Schröder, T. & Schönberger, G. 2016, S. 9).

Auch wenn es nicht die eine Esskultur gibt, die Esskultur der Jugendlichen zeichnet sich besonders durch ein hohes Maß an Heterogenität aus (vgl. ebd.): Es gibt Jugendliche, die Ernährung als Mittel zum Zweck, der Sättigung, sehen, solche, die sich intensiv mit bestimmten Ernährungsformen wie Vegetarismus auseinandersetzen, oder solche, die sich besonders gesundheitsbewusst ernähren. Hinzu kommen immer mehr Jugendliche, die durch die Ernährung ihr Körperbild beeinflussen möchten.

Die Jugend ist insgesamt gekennzeichnet durch Wandel (vgl. ebd., S. 12). Nicht nur der Körper verändert sich in der Jugend, auch das Ernährungsverhalten wird einem starken Wandel unterzogen. Die Jugendlichen nabeln sich auch mit der eigenen Ernährung immer weiter vom Elternhaus ab. Heute stehen den Jugendlichen dazu eine Vielzahl von Möglichkeiten zur Verfügung, die durch Wissen und Kompetenzen bewertet werden müssen. Die Berufstätigkeit der Eltern oder Arbeiten im Schichtdienst führt immer häufiger dazu, dass Mahlzeiten nicht mehr gemeinsam mit der gesamten Familie eingenommen werden. Es wird vom „Bedarfsprinzip" gesprochen: „Wer hungrig ist – nimmt sich etwas" (ebd., S. 6). Dies führt jedoch zu schnell zubereiteten Speisen, wie Convenience-Produkten oder einem großen Anteil einer Außer-Haus-Verpflegung (vgl. ebd.).

Aus diesem Grund wird es immer wichtiger, dass die Schule als Bildungsinstitution ihre Rolle in der Ernährungsbildung erkennt.
Das Forschungsprojekt REVIS (Reform der Ernährungs- und Verbraucherbildung in Schulen) fördert die Ernährungs- und Verbraucherbildung an allgemeinbildenden Schulen. REVIS sieht durch den Wandel der Gesellschaft hin zu einer Konsumgesellschaft und sinkendem Einfluss der Familien den Bedarf einer Ernährungs- und Verbraucherbildung besonders kritisch für Kinder und Jugendliche (vgl. Oepping et al. 2013, S. 4). Ziel ist es, die Kinder und Jugendlichen zu befähigen, „auf sich ständig verändernde Alltagsbedingungen situationsgerecht und selbstbestimmt reagieren zu können“ (vgl. ebd.). Dazu hat REVIS neun Bildungsziele formuliert. Sechs dieser neun Bildungsziele sind besonders im Rahmen der nachhaltigen Schulverpflegung interessant und werden in die Untersuchung miteinbezogen:

Die Schüler und Schülerinnen …

1) „ … gestalten die eigene Essbiographie reflektiert und selbstbestimmt“
2) „… gestalten Ernährung gesundheitsförderlich“
3) „… handeln sicher bei der Kultur und Technik der Nahrungszubereitung und Mahlzeitengestaltung“
4) „… entwickeln ein persönliches Ressourcenmanagement und sind in der Lage Verantwortung für sich und andere zu übernehmen“
5) „… treffen Konsumentscheidungen reflektiert und selbstbestimmt“
6) „… entwickeln einen nachhaltigen Lebensstil“ (Schlegel-Matthies 2013, S. 1–9)

Die Annahme ist, dass die Einbindung der SuS in die nachhaltige Schulverpflegung die beschriebenen Kompetenzen der genannten sechs Bildungsziele fördern kann. Im Rahmen der Hypothesenbildung wird festgehalten, *dass die Einbindung nachhaltiger Schulverpflegung in das Bildungsangebot die Chance bietet, die ausgewählten Kompetenzen der Ernährungs- und Verbraucherbildung zu schulen, lehrplanrelevante Themen miteinander zu verknüpfen und die SuS zu einem nachhaltigen Lebensstil zu befähigen (H_{iv}).*

2.7 Verknüpfung von Schulverpflegung, Nachhaltigkeit und Beruflicher Bildung

In Anlehnung an die Untersuchung von Kettschau et al. (2014) werden sieben ausgewählte Berufe, größtenteils aus dem Berufsfeld Ernährung und Hauswirtschaft, auf Anknüpfungspunkte einer nachhaltigen Schulverpflegung untersucht. Dazu werden die von Kettschau et al. untersuchten Berufe Hauswirtschafter/-in, Koch/Köchin, Restaurantfachmann/-frau und Fachmann/-frau für Systemgastronomie um die Berufe Bäcker/-in, Fachverkäufer/-in im Lebensmittelhandwerk (Schwerpunkt Bäckerei/Konditorei)[8] sowie die staatlich geprüften Assistenten/staatlich geprüfte Assistentinnen für Ernährung und Versorgung (Schwerpunkt Service) ergänzt. Die Auswahl der ergänzten Berufe hat anhand der Bezüge des Rahmenlehrplans zu Tätigkeiten der Schulverpflegung stattgefunden (vgl. Abschnitt 2.4). So finden sich beispielsweise Schnittpunkte bei den Bäckern/Bäckerinnen und den Fachverkäufern/Fachverkäuferinnen im Lebensmittelhandwerk (Schwerpunkt Bäckerei/Konditorei), besonders bei der Frühstücks- und Zwischenverpflegung in der Vor- und Zubereitung und der Bereitstellung und Ausgabe.

Im Folgenden werden die jeweiligen Rahmenlehrpläne[9] mit den Prozessschritten und den beschriebenen Tätigkeiten verglichen. Die Analyse der Rahmenlehrpläne zeigt, dass viele Schlüsselbegriffe in mehreren Berufen wiederzufinden sind. Solche Schlüsselbegriffe sind beispielsweise „ökonomische Aspekte“ oder „ernährungsphysiologische Kriterien“. Damit für den Vergleich eine möglichst hohe Transparenz gewährleistet werden kann, werden zu Beginn die Schlüsselbegriffe der beteiligten Rahmenlehrpläne in einer Tabelle zusammengetragen. Dann werden diesen Schlüsselbegriffen die Handlungsfelder zugeordnet. So erfolgt für jeden Beruf eine eindeutige Zuweisung der Schlüsselbegriffe zu den relevanten Handlungsfeldern, beispielsweise eine Zuordnung von „Berechnung zur Ausbeute und Verlust“ oder „Putz und Garverluste“ immer zu den Handlungsfeldern „Abfallmenge“ und „Lebensmittelverwertungsquote“ (vgl. Tabelle 4).

[8] Der Beruf Fachverkäufer/-in im Lebensmittelhandwerk – Schwerpunkt Bäckerei, Konditorei gehört nicht dem Berufsfeld Ernährung und Hauswirtschaft, sondern dem Berufsfeld Verkaufsberufe (Einzelhandel), an (vgl. BIBB 2008, S. 35). Auf Grund seiner inhaltlichen Überschneidungen im Rahmenlehrplan mit dem der Bäcker/-innen wird er hinzugenommen.

[9] Die durch die Kultusministerkonferenz beschlossenen Rahmenlehrpläne sind in Lernfelder gegliedert und bestimmen den schulischen Teil der Berufsausbildung an beruflichen Schulen (vgl. KMK 2017). Die Ausbildungsordnung regelt die Ausbildung im Betrieb und wird in dieser Arbeit nicht betrachtet (vgl. KMK 2017).

Tabelle 4: Auszug der Tabelle 12: Verknüpfung von Schlüsselbegriffen der Rahmenlehrpläne und der Handlungsfelder

Schlüsselbegriff	Handlungsfelder
‚ausgewogenes Verhältnis von Nahrungsinhaltsstoffen und Energiewert' ‚gesunde Ernährung' ‚ernährungsphysiologische Aspekte'	➢ Zubereitungstechniken ➢ Ernährungsphysiologie der Speisen ➢ Lebensmittelzusatzstoffe im Speisenangebot ➢ Fleischanteil am Gesamtlebensmitteleinsatz ➢ Verarbeitungsgrad der Lebensmittel
‚Berechnungen zur Ausbeute und Verlust' ‚Putz- und Garverluste'	➢ Abfallmenge ➢ Lebensmittelverwertungsquote
‚Beschaffenheit'	➢ Verarbeitungsgrad der Lebensmittel

(Quelle: eigene Darstellung)

2.7.1 Untersuchung der Berufe I-VII

Die nachfolgenden Tabellen veranschaulichen die Analyse der Rahmenlehrpläne der ausgewählten Berufe (I-VII) hinsichtlich einer Übereinstimmung mit den Tätigkeiten der Schulverpflegung und einer möglichen Verknüpfungen zur Nachhaltigkeit über die Handlungsfelder und die Felder des Integrierenden Nachhaltigkeits-Dreiecks nach von Hauff & Kleine.

Zunächst erfolgt eine Betrachtung der Rahmenlehrpläne hinsichtlich einer Übereinstimmung der Lernfelder zu den Tätigkeiten der Schulverpflegung (vgl. Anhang 3). So kann festgestellt werden, in welchen Prozessschritten welche Berufe am meisten zur Schulverpflegung beitragen können. Die jeweiligen Prozessschritte werden einleitend zu den einzelnen Berufen in den nachfolgenden Zusammenfassungen aufgeführt. Ein möglicher Bezug zur Nachhaltigkeit über die Handlungsfelder wird in einem zweiten Schritt untersucht. Dazu werden die Zielformulierungen der einzelnen Lernfelder auf Schlüsselbegriffe untersucht, die entsprechend der Tabelle in Anhang 2 mit den bekannten Handlungsfeldern verknüpft sind. So ergibt sich die nachfolgende Tabelle 4a-h, in der durch eine Markierung (x) deutlich wird, in welchen Prozessschritten anhand welcher Tätigkeit über welche Handlungsfelder mögliche Bezüge zur Nachhaltigkeit in den entsprechenden Berufen hergestellt werden könnten.

Tabelle 5a-h: Analyse der Rahmenlehrpläne ausgewählter Berufe hinsichtlich einer Übereinstimmung mit den Handlungsfeldern der Schulverpflegung zur Aufzeigung möglicher Nachhaltigkeitsbezüge in den einzelnen Prozessschritten

5a: Prozessschritt Speisenplanung

Prozess-schritt	**Tätigkeit**	**Handlungsfelder** (nach Kettschau et al. 2014, S. 41)	**Feld im IND** (nach Hauff & Kleine 2009, S. 125)	**Berufe**						
				I	**II**	**III**	**IV**	**V**	**VI**	**VII**
Speisenplanung	Verpflegungs-system festlegen	Abfallmenge	ökonomisch-ökologisch	x						
	Speisenplan erstellen	Attraktivität des Speisenangebots	sozial-ökonomisch	x		x	x	x	x	x
		Ernährungsphysiologie der Speisen	stark sozial			x	x			x
		Fleischanteil am Gesamtlebensmitteleinsatz	sozial-ökologisch							
		Beschaffungsquote für regionale & saisonale Lebensmittel	vorwiegend ökologisch							
		Zubereitungstechniken	sozial-ökologisch-ökonomisch					x		
		Wasserverbrauch	ökonomisch-ökologisch					x		
		Energieverbrauch	ökonomisch-ökologisch					x		
	Rahmenbedingungen beachten	Anteil regenerativer Energie am Gesamtenergieeinsatz	stark ökologisch							
		Subventionen	stark ökonomisch							
		Verankerung von Nachhaltigkeit im Leitbild	vorwiegend ökonomisch							
		Prozessqualität	stark ökonomisch							
		Umsatz	stark ökonomisch		x	x		x		

Legende Berufe I - VII: I) Bäcker/-in **II)** Fachmann/-frau für Systemgastronomie **III)** Fachverkäufer/-in im Lebensmittelhandwerk - Schwerpunkt Bäckerei/Konditorei **IV)** Hauswirtschafter/-in **V)** Koch/Köchin **VI)** Restaurantfachmann/-frau **VII)** Staatlich geprüfte(r) Assistent/-in für Ernährung und Versorgung – Schwerpunkt Service

(Quelle: eigene Darstellung)

5b: Prozessschritt Lebensmittelbeschaffung

Prozess-schritt	**Tätigkeit**	**Handlungsfelder** (nach Kettschau et al. 2014, S. 41)	**Feld im IND** (nach Hauff & Kleine 2009, S. 125)	**Berufe**						
				I	**II**	**III**	**IV**	**V**	**VI**	**VII**
Lebensmittelbeschaffung	Preis- und Mengen-kalkulation	Lebensmittelverwer-tungsquote	sozial-ökonomisch-ökologisch		x		x		x	x
	Lebensmit-telauswahl	Ernährungsphysiologie der Speisen	stark sozial	x	x	x	x	x	x	x
		Anteil biologischer Le-bensmittel	vorwiegend öko-logisch	x	x	x	x	x	x	x
		Beschaffungsquote für regionale & saisonale Lebensmittel	vorwiegend öko-logisch	x	x	x	x	x	x	x
		Lebensmittelzusatzstoffe im Speisenangebot	vorwiegend sozial	x	x	x	x	x	x	x
		Anteil fair gehandelter Produkte	sozial-ökonomisch		x		x	x	x	x
		Anteil gentechnisch ver-änderter Lebensmittel	sozial-ökologisch	x	x	x	x	x	x	x
		Tierische Produkte aus artgerechter Tierhaltung	sozial-ökologisch	x	x	x	x	x	x	x
		Anteil nachhaltiger Fisch	sozial-ökologisch	x	x	x	x	x	x	x
		Verarbeitungsgrad der Lebensmittel	sozial-ökonomisch	x	x	x	x	x	x	x
		Abfallmenge	ökonomisch-ökologisch		x		x	x	x	x
	Lieferanten bestimmen	Langfristigkeit von Lie-ferantenverträgen	vorwiegend sozial							x
		Regionale Wertschöp-fungskette	vorwiegend öko-nomisch		x		x			x
		Transparenz der Le-bensmittelbeschaffung	vorwiegend sozial							x

Legende Berufe I - VII: I) Bäcker/-in **II)** Fachmann/-frau für Systemgastronomie **III)** Fachverkäu-fer/-in im Lebensmittelhandwerk – Schwerpunkt Bäckerei/Konditorei **IV)** Hauswirtschafter/-in **V)** Koch/Köchin **VI)** Restaurantfachmann/-frau **VII)** Staatlich geprüfte(r) Assistent/-in für Ernährung und Versorgung – Schwerpunkt Service

(Quelle: eigene Darstellung)

5c: Prozessschritt Lagerhaltung

Prozess-schritt	**Tätigkeit**	**Handlungsfelder** (nach Kettschau et al. 2014, S. 41)	**Feld im IND** (nach Hauff & Kleine 2009, S. 125)	**Berufe**						
				I	**II**	**III**	**IV**	**V**	**VI**	**VII**
Lagerhaltung	Lager-verwaltung	Lebensmittelverwer-tungsquote	sozial-ökologisch-ökonomisch	x	x	x	x	x		
	Waren-annahme, -entnahme, -ausgabe, -lagerung	Verarbeitungsgrad der Lebensmittel	sozial-ökonomisch				x			
		Abfallmenge	ökonomisch-ökologisch	x	x	x	x	x		
	Rahmenbe-dingungen beachten	Anteil regenerativer Energie am Gesamte-nergieeinsatz	stark ökologisch	x		x	x			
	Lagerver-waltung unter hygie-nischen, ökologi-schen und ökonomi-schen As-pekten	Hygienekonzept	vorwiegend sozial	x		x	x			x
		Arbeitsschutz/ Ar-beitsunfälle	vorwiegend sozial							
		Energieverbrauch	ökonomisch-ökologisch	x		x	x	x		
		Energieeffiziente Küchenausstattung	ökonomisch-ökologisch	x		x	x			
Legende Berufe I - VII: I) Bäcker/-in **II)** Fachmann/-frau für Systemgastronomie **III)** Fachverkäu-fer/-in im Lebensmittelhandwerk – Schwerpunkt Bäckerei/Konditorei **IV)** Hauswirtschafter/-in **V)** Koch/Köchin **VI)** Restaurantfachmann/-frau **VII)** Staatlich geprüfte(r) Assistent/-in für Ernährung und Versorgung – Schwerpunkt Service										

(Quelle: eigene Darstellung)

5d: Prozessschritt Vor- und Zubereitung

Prozess-schritt	Tätigkeit	Handlungsfelder (nach Kettschau et al. 2014, S. 41)	Feld im IND (nach Hauff & Kleine 2009, S. 125)	Berufe						
				I	II	III	IV	V	VI	VII
Vor- und Zubereitung	Waschen/ Putzen und Schneiden von Obst und Gemüse, Parieren/ Filetieren und Garen von Fleisch und Fisch, Garen der Beilagen, Zubereitung von Dressings, Saucen und Fonds, Kalte Speisen wie Desserts, Gebäck backen	Lebensmittelverwertungsquote	sozial-ökologisch-ökonomisch	x		x		x		
		Zubereitungstechniken	sozial-ökologisch-ökonomisch		x	x	x		x	x
		Ernährungsphysiologie der Speisen	stark sozial		x		x		x	x
		Abfallmenge	ökonomisch-ökologisch	x		x				x
	Arbeitsschritte nach ökologischen, ökonomischen und ergonomischen Aspekten planen und durchführen	Arbeitsschutz/ Arbeitsunfälle	vorwiegend-sozial							
		Wasserverbrauch	ökonomisch-ökologisch	x		x				x
		Energieverbrauch	ökonomisch-ökologisch	x		x				x
		Energieeffiziente Küchenausstattung	ökonomisch-ökologisch	x		x				
		Hygienekonzept	vorwiegend sozial			x	x			x
		Ergonomie	sozial-ökonomisch							x
		Prozessqualität	stark ökonomisch							

Legende Berufe I - VII: I) Bäcker/-in **II)** Fachmann/-frau für Systemgastronomie **III)** Fachverkäufer/-in im Lebensmittelhandwerk – Schwerpunkt Bäckerei/Konditorei **IV)** Hauswirtschafter/-in **V)** Koch/Köchin **VI)** Restaurantfachmann/-frau **VII)** Staatlich geprüfte(r) Assistent/-in für Ernährung und Versorgung – Schwerpunkt Service

(Quelle: eigene Darstellung)

5e: Prozessschritt Bereitstellung und Ausgabe

Prozess-schritt	Tätigkeit	Handlungsfelder (nach Kettschau et al. 2014, S. 41)	Feld im IND (nach Hauff & Kleine 2009, S. 125)	Berufe						
				I	II	III	IV	V	VI	VII
Bereitstellung und Ausgabe	Ausgabesystem wählen	Lebensmittel-verwertungsquote	sozial-ökologisch-ökonomisch			x				
		Abfallmenge	ökonomisch-ökologisch	x		x				x
	Speisen anrichten und dekorieren	Attraktivität des Speisenangebots	sozial-ökonomisch	x		x	x	x		x
	Speisenraum gestalten	Atmosphäre am Verzehrsort	sozial-ökonomisch			x	x	x		x
		Raumausstattung	vorwiegend sozial							
	Speisen während der Ausgabe warm halten oder kühlen	Energieverbrauch	ökonomisch-ökologisch			x				
		Energieeffiziente Küchenausstat-tung	ökonomisch-ökologisch			x				
	Rahmenbedin-gungen	Anteil regenera-tiver Energie am Gesamtenergie-einsatz	stark ökolo-gisch			x				
		Umsatz	stark ökono-misch		x	x	x	x		
		Prozessqualität	stark ökono-misch				x			
	Arbeitsschritte nach ökologi-schen, ökonomi-schen und ergo-nomischen As-pekten planen und durchführen	Hygienekonzept	vorwiegend sozial			x				x
		Ergonomie	sozial-ökonomisch							
	Angebotskarte	Verankerung von Nachhaltigkeit im Leitbild	vorwiegend ökonomisch			x	x			
	Hinweise über Allergene, Le-bensmittelzusatz-stoffe	Kundenkommu-nikation	vorwiegend sozial							
		Kundenservice	sozial-ökonomisch			x				

Legende Berufe I - VII: I) Bäcker/-in **II)** Fachmann/-frau für Systemgastronomie **III)** Fachverkäufer/-in im Lebensmittelhandwerk – Schwerpunkt Bäckerei/Konditorei **IV)** Hauswirtschafter/-in **V)** Koch/Köchin **VI)** Restaurantfachmann/-frau **VII)** Staatlich geprüfte(r) Assistent/-in für Ernährung und Versorgung – Schwerpunkt Service

(Quelle: eigene Darstellung)

5f: Prozessschritt Verzehr

Prozess-schritt	Tätigkeit	Handlungsfelder (nach Kettschau et al. 2014, S. 41)	Feld im IND (nach Hauff & Kleine 2009, S. 125)	Berufe						
				I	II	III	IV	V	VI	VII
Verzehr	Positive, angenehme und ruhige Atmosphäre schaffen	Atmosphäre am Verzehrsort	sozial-ökonomisch				x			
		Raumausstattung	sozial-ökologisch				x			
Legende Berufe I - VII: I) Bäcker/-in **II)** Fachmann/-frau für Systemgastronomie **III)** Fachverkäufer/-in im Lebensmittelhandwerk – Schwerpunkt Bäckerei/Konditorei **IV)** Hauswirtschafter/-in **V)** Koch/Köchin **VI)** Restaurantfachmann/-frau **VII)** Staatlich geprüfte(r) Assistent/-in für Ernährung und Versorgung – Schwerpunkt Service										

(Quelle: eigene Darstellung)

5g: Prozessschritt Abfallmanagement

Prozess-schritt	Tätigkeit	Handlungsfelder (nach Kettschau et al. 2014, S. 41)	Feld im IND (nach Hauff & Kleine 2009, S. 125)	Berufe						
				I	II	III	IV	V	VI	VII
Abfallmanagement	Abfalltrennung, -entsorgung	Abfallmenge	ökonomisch-ökologisch							x
		Recyclingquote	ökonomisch-ökologisch							x
	Entsorgung kritischer Stoffe wie Reinigungs- und Desinfektionsmittel	Arbeitsschutz/ Arbeitsunfälle	vorwiegend-sozial							
	hygienisches Arbeiten	Hygienekonzept	vorwiegend sozial							
	Körperschäden verhindern	Ergonomie	sozial-ökonomisch							
Legende Berufe I - VII: I) Bäcker/-in **II)** Fachmann/-frau für Systemgastronomie **III)** Fachverkäufer/-in im Lebensmittelhandwerk – Schwerpunkt Bäckerei/Konditorei **IV)** Hauswirtschafter/-in **V)** Koch/Köchin **VI)** Restaurantfachmann/-frau **VII)** Staatlich geprüfte(r) Assistent/-in für Ernährung und Versorgung – Schwerpunkt Service										

(Quelle: eigene Darstellung)

5h: Prozessschritt Reinigung und Pflege

Prozess-schritt	Tätigkeit	Handlungsfelder (nach Kettschau et al. 2014, S. 41)	Feld im IND (nach Hauff & Kleine 2009, S. 125)	Berufe						
				I	II	III	IV	V	VI	VII
Reinigung und Pflege	Hygienische Entfernung von Schmutz und Pflege zum Werterhalt unter ökologischen, ökonomisch und ergonomischen Aspekten und eines HACCP-Konzepts	Arbeitsschutz/ Arbeitsunfälle	vorwiegend-sozial					x		x
		Hygienekonzept	vorwiegend sozial	x	x	x	x	x		x
		Reinigungsmittel/ -techniken	vorwiegend ökologisch	x	x	x	x		x	x
		Ergonomie	sozial-ökonomisch				x			x

Legende Berufe I - VII: I) Bäcker/-in **II)** Fachmann/-frau für Systemgastronomie **III)** Fachverkäufer/-in im Lebensmittelhandwerk – Schwerpunkt Bäckerei/Konditorei **IV)** Hauswirtschafter/-in **V)** Koch/Köchin **VI)** Restaurantfachmann/-frau **VII)** Staatlich geprüfte(r) Assistent/-in für Ernährung und Versorgung – Schwerpunkt Service

(Quelle: eigene Darstellung)

Bäcker/ -in (I)

Ausgehend von den Zielformulierungen im Rahmenlehrplan könnten Bäcker/-innen besonders bei Vor- und Zubereitung und der Bereitstellung und Ausgabe in der Schulverpflegung mitwirken (vgl. Anhang 3). Die betreffenden Handlungsfelder lassen sich den Feldern *sozial-ökologisch-ökonomisch* (2x), *sozial-ökologisch* (3x), *sozial-ökonomisch* (3x), *vorwiegend ökologisch* (3x), *vorwiegend sozial* (3x), *stark ökologisch* (1x), *vorwiegend ökonomisch (0x), ökologisch-ökonomisch* (9x), *stark ökonomisch* (0x) und *stark sozial* (1x) zuordnen (vgl. Tabelle 5a-h). Zusammenfassend lässt sich sagen, dass angehende Bäcker und Bäckerinnen in der Schulverpflegung besonders die ökologischen und sozialen Nachhaltigkeitsaspekte berücksichtigen können (vgl. Abb. 11). Ökonomische Aspekte werden nur zusammen mit sozialen oder ökologischen Aspekten, aber nicht alleine benannt (vgl. Abb. 11).

Fachmann/ Fachfrau für Systemgastronomie (II)

In der Schulverpflegung könnten sie besonders bei der Lagerhaltung, Bereitstellung und Ausgabe und der Reinigung und Pflege mitwirken (vgl. Anhang 3). Insgesamt wurden die Handlungsfelder aus den Nachhaltigkeitsfeldern *vorwiegend ökologisch* (3x), *vorwiegend sozial* (2x), *sozial-ökonomisch* (2x), *sozial-ökologisch* (3x), *stark sozial* (2x), *stark ökonomisch* (2x), *stark ökologisch* (0x), *sozial-ökologisch-ökonomisch* (2x), *vorwiegend ökonomisch* (1x) *und ökonomisch-ökologisch* (2x) gewählt (vgl. Tabelle 5a-h). Wie Abbildung 11 zeigt, werden insgesamt wenige Nachhaltigkeitsbezüge hergestellt. So werden maximal 30 % Ausprägung mit den Feldern sozial-ökologisch und vorwiegend ökologisch erreicht.

Fachverkäufer/-in im Lebensmittelhandwerk – Schwerpunkt Bäckerei/ Konditorei (III)

Für die angehenden Fachverkäufer/-innen bestehen besonders in der Lagerhaltung, Vor- und Zubereitung und in der Bereitstellung und Ausgabe Anknüpfungspunkte an die Tätigkeiten einer Schulverpflegung (vgl. Anhang 3). Insgesamt wurden durch die Handlungsfelder die Felder des integrierenden Nachhaltigkeitsdreieckes *vorwiegend ökologisch* (3x), *vorwiegend sozial* (5x), *sozial-ökologisch-ökonomisch* (4x), *sozial-ökonomisch* (5x), *sozial-ökologisch* (3x), *ökonomisch-ökologisch* (10x), *stark sozial* (2x), *stark ökologisch* (2x) und *stark ökonomisch* (2x) genannt (vgl. Tabelle 5a-h). Besonders auffällig sind die hohe Anzahl der ökonomisch-ökologischen Felder und die allgemein hohe Ausprägung der einzelnen Felder. Es konnten somit insgesamt viele Nachhaltigkeitsbezüge hergestellt werden.

Hauswirtschafter/ -in (IV)

In der Schulverpflegung könnten sie sich vor allem in den Prozessschritten Speisenplanung, Lagerhaltung, Vor- und Zubereitung, Bereitstellung und Ausgabe und Reinigung und Pflege einbringen (vgl. Anhang 3). Insgesamt werden die Felder des Nachhaltigkeitsdreiecks mit folgender Häufigkeit genannt: *vorwiegend ökologisch* (3x), *vorwiegend sozial* (4x), *sozial-ökologisch* (3x), *stark sozial* (3x), *vorwiegend ökonomisch* (2x), *sozial-ökonomisch* (7x), *ökonomisch-ökologisch* (4x), *sozial-ökologisch-ökonomisch* (2x), *stark ökologisch* (1x) und *stark ökonomisch* (2x) (vgl. Tabelle 5a-h). Die Abbildung 11 zeigt eine recht gleichmäßige Ausprägung in den Bereichen Ökologie, Ökonomie und Soziales sowie in den Mischfeldern. Besonders häufig können sozial-ökonomische Bezüge zu Nachhaltigkeit hergestellt werden.

Koch/ Köchin (V)

So lässt sich festhalten, dass angehende Köche und Köchinnen ausgehend von ihrem Rahmenlehrplan besonders bei der Speisenplanung, Lebensmittelbeschaffung, Vor- und Zubereitung und in der Bereitstellung und Ausgabe in der Schulverpflegung aktiv sein können (vgl. Anhang 3). Die genannten Handlungsfelder lassen sich den einzelnen Feldern des integrierenden Nachhaltigkeitsdreiecks zuordnen. Ausgewählt wurden *vorwiegend ökologisch* (2x), *stark ökonomisch* (2x), *sozial-ökologisch-ökonomisch* (3x), *vorwiegend ökonomisch* (0x), *ökonomisch-ökologisch* (5x), *vorwiegend sozial* (2x), *sozial-ökonomisch* (5x), *sozial-ökologisch* (3x), *stark sozial* (1x) und *stark ökologisch* (0x) (vgl. Tabelle 5a-h). Ökologische Aspekte werden wenig berücksichtigt. Insgesamt ist die Ausprägung auch bei den andern Feldern sehr gering.

Restaurantfachmann/ Restaurantfachfrau (VI)

Angehende Restaurantfachleute können in der Schulverpflegung besonders in den Prozessschritten Speisenplanung, Lagerhaltung, Bereitstellung und Ausgabe und Reinigung und Pflege mitwirken (vgl. Anhang 3). Insgesamt wurden vom integrierenden Nachhaltigkeitsdreieck die Felder vorwiegend ökologisch (3x), *vorwiegend ökonomisch* (0x), sozial-ökonomisch (3x), sozial-ökologisch (3x) vorwiegend sozial (1x), *stark ökonomisch* (0x), sozial-ökonomisch-ökologisch (1x), ökonomisch-ökologisch (1x), *stark ökologisch* (0x) und stark sozial (2x) durch die hergestellten Handlungsfelder ausgewählt (vgl. Tabelle 5a-h). Abbildung 11 zeigt für diesen Beruf die geringsten Ausprägungen. Die maximale Ausprägung liegt in den Feldern sozial-ökonomisch und vorwiegend ökologisch bei 30 %. Somit kann nicht ein Aspekt herausgestellt werden, der besonders stark berücksichtigt wird.

Staatlich geprüfter Assistent/ geprüfte Assistentin für Ernährung und Versorgung – Schwerpunkt Service (VII)

Angehende staatlich geprüfte Assistenten und Assistentinnen für Ernährung und Versorgung – Schwerpunkt Service können in der Schulverpflegung besonders in der Vor- und Zubereitung, Bereitstellung und Ausgabe und in der Reinigung und Pflege mitwirken (vgl. Anhang 3). Die Felder des Nachhaltigkeitsdreiecks wurden wie folgt bedient: vorwiegend sozial (7x), sozial-ökologisch-ökonomisch (1x), sozial-ökonomisch (0x), sozial-ökologisch (3x), stark sozial (3x), vorwiegend ökologisch (3x), *stark ökologisch* (0x), vorwiegend ökonomisch (1x), ökonomisch-ökologisch (7x), *sozial-ökonomisch* (7x) (vgl. Tabelle 5a-h). Auffällig ist der starke Schwerpunkt auf den sozialen Aspekten, wie Abbildung 11 zeigt. Zudem werden die ökologisch-ökonomischen Aspekte mit einer Ausprägung von 70 % angezeigt (vgl. Abbildung 11).

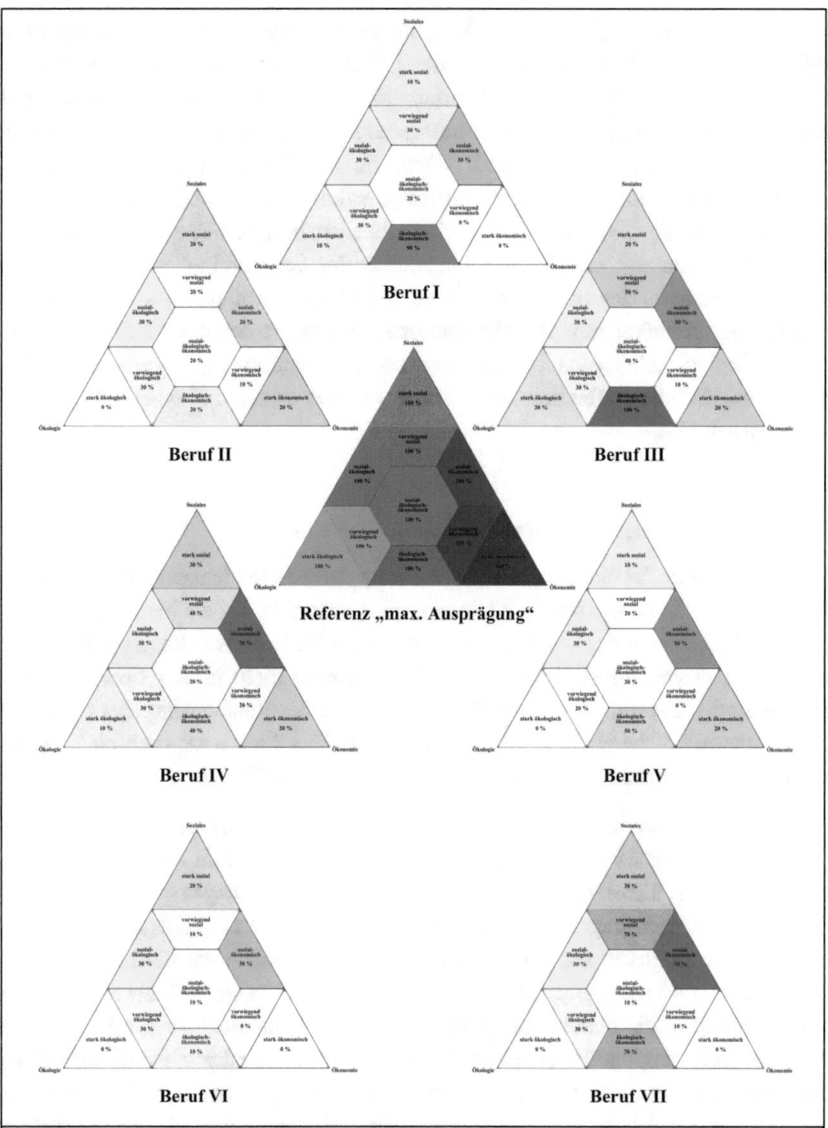

Legende Berufe I - VII: I) Bäcker/-in **II)** Fachmann/-frau für Systemgastronomie **III)** Fachverkäufer/-in im Lebensmittelhandwerk – Schwerpunkt Bäckerei/Konditorei **IV)** Hauswirtschafter/-in **V)** Koch/Köchin **VI)** Restaurantfachmann/-frau **VII)** Staatlich geprüfte(r) Assistent/-in für Ernährung und Versorgung – Schwerpunkt Service

Abbildung 11: Ausprägung der Nachhaltigkeit im Vergleich für die Berufe I-VII
(Quelle: eigene Darstellung unter Verwendung des Modells von von Hauff & Kleine)

Durch die Untersuchung der Berufe konnte gezeigt werden, wie vielfältig die Möglichkeiten sind, Nachhaltigkeit und Schulverpflegung zu verknüpfen und in den gewählten Berufen zu unterrichten. **Dennoch wird im Rahmen der Hypothesenbildung davon ausgegangen, dass Nachhaltigkeit nicht im Rahmen der Forderungen der Rahmenlehrpläne unterrichtet wird, da die Formulierung nicht immer zwangläufig mit Nachhaltigkeit verknüpft werden müssen (H_v).** Vielmehr hat die Ausarbeitung gezeigt, wo ungenutzte Möglichkeiten bestehen. Da sich die ökologischen Aspekte zumeist auf die Handlungsfelder der Lebensmittel beziehen, und bei diesen der Bezug zu den SuS sehr groß ist, **wird angenommen, dass besonders die ökologischen Aspekte der Nachhaltigkeit thematisiert werden (H_{vi}).** Da sie im Rahmenlehrplan nicht benannt wird, muss zudem davon ausgegangen werden, **dass die (eigene) Schulverpflegung nicht dazu genutzt wird, um Nachhaltigkeit zu thematisieren (H_{vii}).**

2.7.2 Einbindung der SuS auf unterschiedlicher Ebene

Wie gezeigt wurde, ist eine mögliche Einbindung der SuS in die nachhaltige Schulverpflegung stark von dem jeweiligen Bildungsgang abhängig. Da sie jedoch nicht explizit durch die Rahmenlehrpläne gefordert wird, **wird im Rahmen der Hypothesenbildung davon ausgegangen, dass die Schulverpflegung nicht in den Unterricht eingebunden oder thematisiert wird (H_i).** Die Analyse des Rahmenlehrplans hat jedoch nur die unterrichtliche Einbindung aufgezeigt. Darüber hinaus ist auch eine Einbindung im außerunterrichtlichen Rahmen oder im Zuge eines Praktikums denkbar.

Eine Einbindung der SuS in die nachhaltige Schulverpflegung im außerunterrichtlichen Rahmen meint zwar die Schulzeit, jedoch im Detail die Zeit außerhalb des regulären Unterrichts. Dazu gehören die Pausen und die Arbeitsgemeinschaften (kurz: AGs). In den Pausen tragen die SuS beispielsweise zur Schulverpflegung bei, indem sie im Kiosk bzw. in der Cafeteria arbeiten oder selbstgebackenen Kuchen oder Waffeln verkaufen und so gegebenenfalls auch ihre Abschlusskasse aufbessern. Diese Art der Einbindung in die Schulverpflegung ist nicht nur interessant für die SuS des Berufsfeldes Ernährung und Hauswirtschaft, sondern ganz besonders auch für diejenigen, deren Bildungsgänge sich in anderen Berufsfeldern bewegen. Schließlich ist die Organisation eines Kiosks für betriebswirtschaftliche oder kaufmännische Bildungsgänge eine Bereicherung. **Für die nachfolgende Untersuchung wird die Hypothese aufgestellt, dass die SuS in der außerunterrichtlichen Einbindung nur im Rahmen von verkaufenden Tätigkeiten in der Schulverpflegung eingesetzt werden(H_{ii}).** Die Herstellung der zu verkaufenden Produkte wird in den Hintergrund gestellt.

Inwieweit eine Schule die eigene Schulverpflegung als Praktikumsmöglichkeit anbieten kann, hängt stark von der Art des verwendeten Verpflegungssystems und der Anzahl der zu verpflegenden SuS ab. Nur wenn ein Großteil der Speisen frisch und in relativ großer Menge produziert wird, besteht die Möglichkeit einen Praktikumsplatz anzubieten. **Daher wird zunächst von der Hypothese ausgegangen, dass die Schulverpflegung nicht als Praktikumsmöglichkeit genutzt wird(H_{iii}).**

3 Zwischenfazit

Berufskollegs sind nicht zu einer Schulverpflegung verpflichtet. Dennoch verbringen Vollzeit-SuS mehr als die Hälfte der Tage eines Jahres in der Schule und nehmen je nach Länge des Unterrichts ein Mittagessen zu sich. Da macht es keinen Unterschied, dass bei SuS des Berufskollegs nicht mehr von Kindern und Jugendlichen, sondern vielmehr von jungen Erwachsenen im Bereich der Adoleszenz gesprochen wird. Die Empfehlungen nach einer gesunden, ausgewogenen Ernährung müssen für sie genauso gelten. Die Schulverpflegung kann durch geringe Gewinnerstrebungen die Möglichkeit bieten, auch SuS mit niedrigem sozio-ökonomischen Status mit gesunder Ernährung zu versorgen.

Auch wenn das Berufskolleg durch seine strukturellen Besonderheiten wie unbeständige SuS-Zahlen über den Schuljahresverlauf und eine heterogene Altersstruktur, hohe Anforderungen an eine Schulverpflegung stellt, so zeigt ein kurzer Blick, wie wichtig eine regelmäßige Mahlzeitenzufuhr für ein konstantes Leistungsniveau ist. Im Idealfall besteht dafür eine Schulverpflegung nicht nur aus einem Mittagsangebot, sondern auch aus einer gesunden Zwischenverpflegung, die mit der Mittagsverpflegung weder in Attraktivität noch Energiegehalt konkurriert.

Damit Schulverpflegung gelingen kann, müssen die beteiligten Akteure koordiniert und organisiert zusammenarbeiten. Entweder erfolgt die Verpflegung durch eine Fremdbewirtschaftung von Cateringunternehmen oder die Schule versorgt sich in Eigenbewirtschaftung. Dann sind besonders die Fachlehrkräfte und gegebenenfalls die SuS des Fachbereichs Ernährung und Hauswirtschaft an der Schulverpflegung beteiligt. Übergeordnet empfiehlt es sich über einen Arbeitskreis eine Organisationsebene zu schaffen, die sich mit der Verwaltung und Organisation beschäftigt.

Je nachdem, welches Verpflegungssystem (*Cook & Serve/Freeze/Chill/Hold*) eine Schule wählt, ändert sich die Arbeitsintensität der acht Prozessschritte der Gemeinschaftsverpflegung, die auch für die Schulverpflegung gelten. Die Frisch- oder Mischküche (*Cook & Serve*) ist dabei die aufwändigste Form, da hier alle Prozessschritte, besonders die Vor- und Zubereitung, vor Ort in der Schulküche erfolgen. Im Gegensatz dazu steht die Warmverpflegung (*Cook & Hold*), bei der durch die Anlieferung verzehrfertiger Speisen viele Prozessschritte wie Lagerhaltung, Vor- und Zubereitung und die Reinigung und Pflege der Küche nahezu entfallen. Für Schulen, in denen bereits eine Großküche vorhanden ist, empfiehlt es sich auf Grund der niedrigeren Wareneinsatzkosten eine Frisch- und Mischküche zu etablieren. Die höheren Personalkosten hierfür können über die bereits angestellten Fachkräfte wieder aufgefangen wer-

J. K. Hergemöller, *Nachhaltige Schulverpflegung an Berufskollegs*,
Forschungsreihe der FH Münster, https://doi.org/10.1007/978-3-658-22490-5_3

den, die die stark sinkenden Schülerzahlen im Bereich der Hauswirtschaft wieder auffangen (vgl. Abschnitt 2.6.1).

Welche Bedeutung Ernährung global gesehen hat, wird durch den ökologischen Fußabdruck deutlich. Hier hat die Ernährung den größten Einfluss. Daher ist es zwingend notwendig die Ernährung nachhaltiger zu gestalten und die Kompetenzen dazu an die heutigen SuS zu vermitteln. In der beruflichen Bildung geschieht dies bereits durch die Initiative „Berufliche Bildung für eine nachhaltige Entwicklung“ durch das Bundesinstitut für Berufsbildung. So ist die Nachhaltigkeit in den Berufen des Berufsfelds Ernährung und Hauswirtschaft in den Curricula bereits verankert. Für eine genaue Untersuchung der Rahmenlehrpläne zur Nachhaltigkeit wurden die drei Aspekte Ökologie, Ökonomie und Soziales nach von Hauff und Kleine in zehn Mischfelder unterteilt, da selten nur ein Aspekt der Nachhaltigkeit relevant ist. Die tabellarische Zuordnung zu Handlungsfeldern der Schulverpflegung zeigt Schlüsselstellen auf, an denen ein Bezug zur Nachhaltigkeit über die thematische Verknüpfung zur Schulverpflegung hergestellt werden kann. Insgesamt kann festgehalten werden, dass für die Berufe Fachverkäufer/-in im Lebensmittelhandwerk – Schwerpunkt Bäckerei/Konditorei und die Staatlich geprüfter Assistent/staatlich geprüfte Assistentin für Ernährung und Versorgung – Schwerpunkt Service die meisten möglichen Nachhaltigkeitsbezüge festgestellt werden konnten. Am wenigsten mögliche Nachhaltigkeitsbezüge sind bei den Restaurantfachmännern und -frauen und den Bäckern und Bäckerinnen zu finden.

4 Qualitative Sozialforschung

Die qualitative Sozialforschung beschäftigt sich mit der Erhebung nicht-standardisierter Daten sowie deren abschließender Analyse (vgl. Bohnsack 2010; Flick 2016; Strauss et al. 2010). Als Erhebungsinstrumente stehen beispielsweise Interviews oder Beobachtungen zur Auswahl. Durch die hohe Gegenstandsbezogenheit eignet sich die qualitative Forschung besonders für komplexe Untersuchungsfelder, die nicht standardisierbar und statistisch erfasst werden können (vgl. Flick 2016, S. 26–30). Im Gegensatz dazu steht die quantitative Sozialforschung, bei der eine statistische Analyse der erhobenen, standardisierten Daten erfolgt (vgl. ebd.). Da wie eingangs beschrieben, zwar die Schulverpflegung an allgemeinbildenden Schulen gut erforscht ist, die Besonderheiten des Berufskollegs hier aber neue Herausforderungen stellen, bietet sich eine qualitative Sozialforschung an. Ein weiteres Argument für die qualitative und gegen die quantitative Sozialforschung ist der kleine Datensatz von vier untersuchten Schulen.

4.1 Fragestellung und Hypothesen

Für die gesamte Arbeit stellt sich die Frage nach dem Status quo als Bestandserhebung, also wie wird nachhaltige Schulverpflegung in das Bildungsangebot eingebunden. Da es sich bei der Untersuchung um eine qualitative Form handelt, bietet es sich an, mehrere Hypothesen zu zulassen, um die einzelnen Aspekte der Einbindung besser untersuchen zu können. Die Hypothesen wurden bereits im Rahmen der literaturbasierten Erarbeitung gebildet und werden nachstehend thematisch sortiert dargestellt:

Hypothesen:

Einbindung in das Bildungsangebot

Unterrichtliche Einbindung

i. Da Schulverpflegung nicht durch den Rahmenlehrplan vorgeschrieben ist, wird sie nicht im Unterricht thematisiert oder eingebunden.

Außerunterrichtliche Einbindung

ii. Die SuS werden nur im Rahmen von verkaufenden Tätigkeiten in der Schulverpflegung eingesetzt.

Praktikumsmöglichkeiten

iii. Die Schulverpflegung kann nicht als Praktikumsmöglichkeit genutzt werden.

J. K. Hergemöller, *Nachhaltige Schulverpflegung an Berufskollegs*,
Forschungsreihe der FH Münster, https://doi.org/10.1007/978-3-658-22490-5_4

Ernährungsbildung

iv. Eine Einbindung der SuS in die Schulverpflegung kann die ausgewählten Kompetenzen der Ernährungs- und Verbraucherbildung maßgeblich fördern.

Nachhaltigkeit in der Schulverpflegung

v. Nachhaltigkeit wird nicht im Rahmen der Forderungen der Rahmenlehrpläne im Unterricht thematisiert.
vi. Wenn Nachhaltigkeit thematisiert wird, dann werden besonders die ökologischen Aspekte hervorgehoben.
vii. Die eigene Schulverpflegung wird nicht genutzt, um Nachhaltigkeit zu thematisieren.

Chancen und Herausforderungen

viii. Die Einbindung nachhaltiger Schulverpflegung in das Bildungsangebot bietet die Chance, die Kompetenzen der Ernährungs- und Verbraucherbildung zu schulen, lehrplanrelevante Themen miteinander zu verknüpfen und die SuS zu einem nachhaltigen Lebensstil zu befähigen.
ix. Die Herausforderung nachhaltige Schulverpflegung in das Bildungsangebot einzubinden, wird durch die Fremdbewirtschaftung von Caterern erschwert.

4.2 Forschungsinstrumente

Insgesamt werden für die Erfassung der Daten und Ergebnisse drei verschiedene Forschungsinstrumente verwendet: ein Gedächtnisprotokoll der Ortsbegehung am Interviewtag, ein standardisierter Fragebogen und ein leitfadengestütztes Experteninterview.

Das **Gedächtnisprotokoll der Ortsbegehung** soll die wichtigsten Eindrücke festhalten und dauerhaft verfügbar machen (vgl. Engst 2011, S. 4). Neben dem Protokollkopf, welcher die Rahmendaten über Ort, Zeit und beteiligte Personen enthält, werden im Hauptteil die Informationen entlang der vier ausgewählten Kategorien Ausstattung der Küche, Ausstattung von Verkaufs- und Verzehrräumen, sowie das Verhalten des Verkaufspersonals und das Verhalten der SuS festgehalten (vgl. ebd., S. 13). Da die Ergebnisse stichpunktartig festgehalten werden, kann von einem Kurzprotokoll gesprochen werden (vgl. ebd., S. 7).

Als **Fragebogen** wird ein bereits erprobter und verwendeter Fragebogen[10] ausgewählt, der im Rahmen der Erhebung der Verpflegungssituation an weiterführenden Schulen der Stadt Münster vom Fachbereich Oecotrophologie der Fachhochschule Münster unter der Leitung von Frau Prof. Dr. Carola Strassner entwickelt worden ist (vgl. Kuttenkeuler & Strassner 2012). Dieser Fragebogen erfasst die allgemeinen Angaben der Schule, konkrete Angaben zur Verpflegungssituation, unterscheidet dabei zwischen Mittags- und Zwischenverpflegung und fragt nach Angaben zur Optimierung und Verbesserung. Insgesamt umfasst der Fragebogen 41 Fragen, die entweder offen, halboffen oder geschlossen gestellt werden.

Ein qualitatives Interview führt zu "vielfältigen Einsichten in die Denk-, Empfindungs- und Handlungsweise des Interviewten" (Aghamanoukjan et al. 2009, S. 419) und ist besonders für wenig untersuchte Forschungsfelder geeignet. Eine Form der qualitativen Interviews sind die **leitfadengestützten Experteninterviews**. Hierbei werden die Experten in Abhängigkeit vom Forschungsgegenstand durch den Forscher ernannt (vgl. Aghamanoukjan et al. 2009, S. 422). Der hierfür benötigte Leitfaden[11] wurde anhand der entwickelten Hypothesen gebildet, die sich durch die theoretische Auseinandersetzung mit der nachhaltigen Schulverpflegung und ihre Einbindung an Berufskollegs ergeben haben. Es wird empfohlen, bereits im Vorfeld die Erwartungen zu den gestellten Fragen zu formulieren und einen dreispaltigen Leitfaden zu verwenden (ebd., S. 433): Die erste Spalte enthält diejenigen Fragen, die auf jeden Fall gestellt werden, in der zweiten Spalte finden sich die Erwartungen über die Antworten, die genannt werden sollen und in der dritten Spalte werden optionale Zwischenfragen notiert. An diesen Empfehlungen wurde sich für die Erstellung des Leifadens orientiert. Jedoch wurden die zweite und dritte Spalte zusammengeführt.

Die 16 Standardfragen der ersten Spalte teilen sich in die Kategorien I) Einstieg, II) Einbindung in das Bildungsangebot – unterrichtliche Einbindung, – außerunterrichtliche Einbindung, – Praktikumsmöglichkeit, – Ernährungsbildung sowie III) Nachhaltigkeit in der Schulverpflegung und IV) Fazit auf. Die zweite Spalte enthält die Erwartungen, die durch die Antworten abgedeckt werden sollen. Ist dies nicht der Fall, dienen sie gleichzeitig als Anlass für Nachfragen. Beispiele sind die Nennung der beteiligten Bildungsgänge, der Zeitraum der Maßnahmen oder die konkreten Kompetenzen, die vermittelt werden können.

Jede Art der Befragung unterscheidet sich durch die „Dimensionen der Differenzierung“ und somit ergeben sich unterschiedliche Formen eines Interviews (vgl. ebd., S. 424): Die erste Dimension beschreibt die Intention des Interviews. Handelt es sich um ein ermittelndes oder vermittelndes Interview? Durch die zweite Dimension wird die

[10] Der Fragebogen ist Anhang 4 zu entnehmen.

[11] Der Leitfaden ist Anhang 5 zu entnehmen.

Standardisierung von standardisiert, über halb-standardisiert bis nicht-standardisiert festgehalten. In der dritten Dimension wird die Struktur der Befragungen erfasst. Handelt es sich um ein Einzel- oder Gruppeninterview. Die vierte Dimension erfasst die Form der Kommunikation, also mündlich oder schriftlich. Der Stil der Kommunikation wird durch die fünfte Dimension beschrieben. Die Arten der Fragen, also offen oder geschlossen finden sich in der sechsten Dimension wieder. Die siebte Dimension beschreibt das Kommunikationsmedium bei mündlichen Befragungen. Zur Wahl stehen ein persönliches, Face-to-face-Interview sowie ein telefonisches Gespräch. Bei schriftlichen Befragungen wird in der achten Dimension unterschieden zwischen persönlicher Postzustellung, Postwurfbefragung und Beilagenbefragung.
Auf den verwendeten Leitfaden angewendet, ergibt sich ein ermittelndes, halb standardisiertes Einzel- oder Gruppeninterview, welches mündlich mit offenen Fragen in einer Face-to-face Kommunikation stattfindet.

Die anschließende Transkription meint die Verschriftlichung der gesprochenen Sprache (vgl. Mayring 2002) und kann auf verschiedene Arten erfolgen. Neben der wörtlichen Transkription in Standardorthographie oder literarischer Umschrift gibt es die kommentierte Transkription mit Notationszeichen und Kommentaren sowie das zusammenfassende und das selektive Protokoll (vgl. Höld 2009, S. 667). Da für diese Auswertung des Interviews die Inhalte und nicht das Sprachverhalten relevant sind, wird die wörtliche Transkription in Standartorthographie verwendet. Dazu gehört auch, dass gesprochene Worte wie „nen" oder Verkürzungen wie „geht´s" in die grammatikalisch korrekte Schreibweise „einen" oder „geht es" umformuliert werden. Ergänzend muss hinzugefügt werden, dass Füllwörter wie „mmh" oder „ehm" oder bestätigende Laute des aktiven Zuhörens wie „aha", „schön" nicht transkribiert werden. Auch werden die Standardfragen nicht dem Wortlaut des Interviews übernommen, sondern mit der vorher feststehenden Formulierung transkribiert. Dies erleichtert die spätere Zuordnung der Fragen.

4.3 Durchführung

Für die Untersuchung werden vier Berufskollegs mit Bildungsgängen des Berufsfeldes Ernährung und Hauswirtschaft ausgewählt (Schule I bis IV). An jedem dieser Berufskollegs werden alle drei Forschungsinstrumente benutzt.

Gedächtnisprotokoll der Ortsbegehung

Die Ortsbegehung findet im Rahmen der Interviews statt und ist stark abhängig von den äußeren Rahmenbedingungen des jeweiligen Tages. So ist im Vorfeld nicht kalkulierbar, zu welcher Zeit die Ortsbegehung stattfindet, da sie sich direkt an das Interview anschließen wird. Des Weiteren ist unklar, wie viel Zeit zur Verfügung steht, um die Räumlichkeiten zu besichtigen. Durch die ungenaue Zeitangabe ist auch nicht auszuschließen, dass in den Küchen Unterricht stattfindet oder die Schulverpflegung nicht aktiv zu beobachten ist, weil keine Pause ist.

Standardisierter Fragebogen

Obwohl der Fragebogen sehr übersichtlich und verständlich geschrieben ist, wurde bereits zu Beginn vereinbart, dass der Fragebogen durch den Interviewer ausgefüllt wird und die Fragen durch den Interviewten beantwortet werden. Dies trägt dazu bei, dass die Fragen ausführlich beantwortet werden, da gegebenenfalls Nachfragen gestellt werden und zusätzliche Informationen nicht verloren gehen, sondern durch den Interviewer auf dem Fragebogen ergänzend festgehalten werden.

Leitfadengestütztes Experteninterview

Vor Beginn der eigentlichen Fragen werden die eigene Person und die Thematik und Fragestellung der Masterarbeit vorgestellt. Für die spätere Zuordnung des Interviews werden Datum und Uhrzeit genannt. Zu Beginn wird zusätzlich die Einverständniserklärung der Tonbandaufnahme des Interviewten eingeholt und die Rolle in der Schulverpflegung erfragt. Dies ermöglicht bei der späteren Analyse eine genauere Einschätzung der Aussagen.
Insgesamt werden sieben Personen befragt: An den Schulen I und II wird jeweils eine Person und an Schule III werden zwei Personen interviewt. An Schule IV wird das Interview mit drei Personen durchgeführt. Die Dauer der Interviews beträgt im Durchschnitt 30 Minuten.

4.4 Auswertung

Gedächtnisprotokoll der Ortsbegehung

Für die Darstellung der Ergebnisse der Ortsbegehung wurde die tabellarische Form des Gedächtnisprotokolls in Kurzform gewählt. Dies ermöglicht einen übersichtlichen Vergleich zwischen den einzelnen Schulen.

Standardisierter Fragebogen

Die Auswertung des Fragebogens erfolgt ebenfalls qualitativ. Dies ist zum einen durch das sehr heterogene Fragenformat (geschlossen, halb offen, offen), die häufige Verwendung von Nominal-Skalen[12] und durch die geringe Anzahl der Datensätze begründet. Ziel ist die Erstellung eines Schulprofils (vgl. Tabelle 10a-d), welches Auskunft

[12] Bei Nominal-Skalen stehen die Antwortmöglichkeiten, im Gegensatz zu Ordinal-Skalen, in keiner relationalen Beziehung zueinander (vgl. Porst 2014, S. 73).

über die vorhandene Schulverpflegung, sowie deren Möglichkeiten und Grenzen geben. Erst anhand dieser Daten können die gewonnenen Erkenntnisse des Interviews richtig gedeutet werden. Für diese Schulprofile werden die gewonnen Ergebnisse entlang der Fragen in den Kategorien „Schule“, „Verpflegungssituation“, „Mittagsverpflegung“, „Zwischenverpflegung“ und „Optimierungswünsche und Herausforderungen“ zusammengefasst dargestellt (vgl. Tabelle 20 bis 23). So sind die Besonderheiten der einzelnen Schulen in der Schulverpflegung deutlich zu erkennen. Zusätzlich wird die Kategorie „Nachhaltigkeit“ aus den Fragen 13, 23, 25 und 27-30 gebildet. Sie enthält Fragen, wie nachhaltig die Schulverpflegung ist. Es werden die Aspekte ‚DGE-Qualitätsstandards‘, ‚Änderung der Portionsgröße‘, ‚kostenfreies Trinkwasser im Menü‘, ‚Einsatz von Bio-Lebensmitteln‘, ‚Erhöhung der Bio-Lebensmittel‘, ‚täglich vegetarisches Menü‘ und ‚Tag mit ausschließlich vegetarischem Menü‘ untersucht.

Leitfadengestütztes Experteninterview

Nach der Verschriftlichung der digitalen Tonaufnahmen werden die Daten mit Hilfe des Datenauswertungsprogrammes MAXQDA ausgewertet. MAXQDA ermöglicht eine Analyse eingegebener Daten durch die Zuordnung und den Vergleich in vorgegebenen Kategorien. Diese Kategorien müssen im Vorfeld gebildet werden (vgl. Tabelle 6). Für diese Auswertung wurde ein deduktives Verfahren gewählt, bei dem die Kategorien anhand des Leitfadens und der Hypothesen gebildet werden (Top-down-Verfahren). Diese deduktive Kategorienanwendung ermöglicht eine eindeutige Zuordnung der Daten, um so eine Struktur aus den Daten ableiten zu können (vgl. ebd., S. 663). Höld fasst die komplexe Vorgehensweise von Mayring 2003) in drei Schritten zusammen: I) Definition der Kategorien, II) Verfassen von Ankerbeispielen und III) Erstellen von Kodierregeln (vgl. Höld 2009, S. 663). Bei der Definition der Kategorien wird festgelegt, welche Textbausteine in eine Kategorie fallen (vgl. ebd.). Die Ankerbeispiele dienen einer einfacheren Zuordnung anderer Textbausteine und die Kodierregeln (hier: Memos) ermöglichen eine Abgrenzung zwischen den einzelnen Kategorien (vgl. ebd.).

Aus dem deduktiven Verfahren haben sich die nachfolgende Haupt- und Subkategorien gebildet:

Tabelle 6: Bildung von Haupt- und Subkategorien anhand des Leitfadens und der zuvor gebildeten Hypothesen

<table>
<tr><th>Hauptkategorie</th><th>Subkategorie I)</th><th>Subkategorie II)</th></tr>
<tr><td>Schulverpflegung als Lernmöglichkeit</td><td></td><td></td></tr>
<tr><td rowspan="18">Einbindung in das Bildungsangebot</td><td rowspan="5">Unterrichtliche Einbindung</td><td>Bildungsgänge und Klassen</td></tr>
<tr><td>Regelmäßige Mitwirkung</td></tr>
<tr><td>Aktionsmäßige Mitwirkung</td></tr>
<tr><td>Prozessschritte</td></tr>
<tr><td>Räumliche Möglichkeiten</td></tr>
<tr><td rowspan="3">Außerunterrichtliche Einbindung</td><td>Regelmäßige Mitwirkung</td></tr>
<tr><td>Aktionsmäßige Mitwirkung</td></tr>
<tr><td>Räumliche Möglichkeiten</td></tr>
<tr><td>Praktikumsmöglichkeit</td><td></td></tr>
<tr><td rowspan="9">Ernährungsbildung</td><td>Nachhaltiger Lebensstil</td></tr>
<tr><td>Essbiographie reflektiert und selbstbestimmt</td></tr>
<tr><td>Persönliches Ressourcenmanagement, Verantwortung übernehmen</td></tr>
<tr><td>Kultur und Technik der Nahrungszubereitung und Mahlzeitengestaltung</td></tr>
<tr><td>Konsumentscheidungen reflektiert und selbstbestimmt</td></tr>
<tr><td>Ernährung gesundheitsförderlich</td></tr>
<tr style="display:none"><td></td></tr>
<tr style="display:none"><td></td></tr>
<tr style="display:none"><td></td></tr>
<tr><td rowspan="4">Nachhaltigkeit in der Schulverpflegung</td><td>Bildungsgänge und Klassen</td><td rowspan="4"></td></tr>
<tr><td>Aspekte der Nachhaltigkeit</td></tr>
<tr><td>Im Rahmen der (eigenen) Schulverpflegung</td></tr>
<tr><td>Im Unterricht</td></tr>
<tr><td rowspan="2">Fazit</td><td>Chancen</td><td rowspan="2"></td></tr>
<tr><td>Herausforderungen</td></tr>
</table>

(Quelle: eigene Darstellung)

In Anlehnung an Höld (2009, S. 663) werden entsprechende Ankerbeispiele und Kodierregeln in Form von Memos erstellt. Nicht immer werden beide Subkategorien benötigt (vgl. Tabelle 6). Die vollständige Tabelle „Bildung von Memos und Ankerbeispielen“ ist im Anhang 6 zu finden.

Tabelle 7: Auszug der Tabelle 14: Bildung von Memos und Ankerbeispielen

Hauptkategorie	Subkategorie I)	Subkategorie II)	Memo und Ankerbeispiel
Fazit	Chancen		Enthält Aussagen des Fazits, die als Chancen für die Einbindung von SuS in die nachhaltige Schulverpflegung angesehen werden. Ankerbeispiel: "B: Also ich denke schon, dass wir Chancen haben, die einzelnen Sachen weiter umzusetzen. Auch in der Fachpraxis." (S IV, 108)
	Herausforderungen		Enthält Aussagen des Fazits, die als Herausforderungen für die Einbindung von SuS in die nachhaltige Schulverpflegung angesehen werden. Ankerbeispiel: "Die Herausforderungen bestehen darin, das zur Verfügung stehende Budget und die Ressourcen irgendwie zu berücksichtigen." (S III, 138)

(Quelle: eigene Darstellung)

Für eine abschließende Aufarbeitung der Daten wurden für jede Schule *Summary-Grids* durch MAXQDA angelegt[13]. In diesen *Summary-Grids* sind die einzelnen Textausschnitte der Interviews nach den Haupt- und Subkategorien sortiert, aufgelistet. In einer zusätzlichen Spalte befindet sich das *Summary*, welches die wichtigsten Aussagen der Textausschnitte zusammengefasst darstellt. Ein kleiner Auszug eines *Summary-Grids* soll nachfolgend die Vorgehensweise verdeutliche.

Tabelle 8: Auszug der Tabelle 15a-d: Summary-Grid Schule I

Kategorie	Codings	Summary
Räumliche Möglichkeiten	Wir haben eine ganz neu eingerichtete Küche mit 16 Arbeitsplätzen. Wir hatten mal drei Küchen. Eine haben wir jetzt abgerissen. Da ist jetzt ein Pflegeraum, weil die Verlagerung der Schülerzahlen ist ja ehr Gesundheit. Der ist ganz groß im Kommen. Deswegen haben wir eine Küche abgerissen, die war aber auch schon über 30 Jahre alt, dafür haben wir jetzt eine neue, nagelneu. Die ist jetzt ein gutes Jahr, oder anderthalb. Und dann haben wir noch eine ganz kleine Küche. Also haben wir insgesamt zwei Küchen. (40)[14]	2 Lehrküchen

(Quelle: eigene Darstellung)

[13] Die Summary-Grids aller vier Schulen befinden sich im Anhang 7.

[14] Die Zahl in den Klammern bezieht sich auf die jeweilige Zeile des Transkripts.

5 Ergebnisse

5.1 Ortsbegehung

Die Ortsbegehung hat im Anschluss oder während des Interviewtermins stattgefunden. Zu einigen Punkten können keine Angaben gemacht werden, da sich die Ortsbegehung aus organisatorischen Gründen nicht immer mit den Pausenzeiten gedeckt hat.
Wie in der nachfolgenden Tabelle zu sehen ist, bietet Schule I nur eingeschränkte Möglichkeiten für eine Einbindung der SuS in eine nachhaltige Schulverpflegung: Am Hauptstandort der Schule, wo sich nicht die Ernährungs- und Hauswirtschaftsklassen befinden, ist die Schulcafeteria mit einer kleinen Vorbereitungsküche in einem kleinen Nebengebäude zu finden. Die Cafeteria ist modern und hell gestaltet und verfügt über einige Sitz- und Stehplätze. Die meisten Produkte werden jedoch über die Verkaufstheke „auf die Hand" verkauft. Das Personal ist sehr freundlich und zuvorkommend und hat durch eine lange Beschäftigung eine gute Beziehung mit den SuS aufgebaut, sodass die Cafeteria trotz der Fremdbewirtschaftung ein wichtiger Teil der Schulgemeinschaft ist.

Tabelle 9a-d: Gedächtnisprotokolle Schule I-IV

Tabelle 9a: Gedächtnisprotokoll Schule I

Ort	Schule I
Zeit	07.06.2017 09:20-09:30 Uhr und 10:30-10:45 Uhr
Beteiligte Personen	Stellvertretende Schulleitung Erstgutachterin Interviewerin
Küche	
- Keinen Einblick in die Küche, da Versorgung über Caterer - Zubereitung und Erwärmen von Snacks im hinteren Bereich der Verkaufstheke - Lehrküche wurde nicht besichtigt	
Verkaufs- und Verzehrräume	
- Cafeteria im Nebengebäude - Freundliche, helle Atmosphäre - Sauber und sehr modern gestaltet - Ca. 15-20 Sitzplätze und 10-15 Stehplätze - Kleine Verkaufstheke - Lange Schlange von SuS während der ersten Pause	
Verkaufendes Personal	
- Sehr freundlich und zuvorkommend - Beständig (täglich gleiches Personal) - Akzeptiert von den SuS in der Schulgemeinschaft	
Schüler und Schülerinnen	
- Kaufen viele Produkte „auf die Hand" - Benutzen kaum die Sitz- oder Stehplätze	

(Quelle: eigene Darstellung)

J. K. Hergemöller, *Nachhaltige Schulverpflegung an Berufskollegs*,
Forschungsreihe der FH Münster, https://doi.org/10.1007/978-3-658-22490-5_5

Die Schule II verfügt sehr gute Rahmenbedingungen, um eine nachhaltige Schulverpflegung in Eigenbewirtschaftung und mit einer hohen Beteiligung der SuS zu ermöglichen: Die Schule verfügt neben einer eigenen Vorbereitungsküche über große und moderne Lehrküchen, die durch ihre behindertengerechten Arbeitsplätzen auch SuS mit Behinderungen das Arbeiten in der Küche ermöglichen. Des Weiteren befinden sich in direkter Nähe der Küchen eine Mensa und ein Bistro mit Verkaufstheken und Auslagen, die für die Schulverpflegung genutzt werden.
Die jeweiligen Fachklassen, die im Fachpraxisunterricht die Speisen und Getränke für die Schulverpflegung vorbereiten, verkaufen diese auch entsprechend in den Pausen an die anderen SuS.

Tabelle 9b: Gedächtnisprotokoll Schule II

Ort	Schule II
Zeit	09.06.2017 10:45 - 11:00 Uhr
Beteiligte Personen	Abteilungsleitung Interviewerin
Küche	
- Große, geräumige und modernisierte Küchen - Lehrküchen haben behindertengerechte Arbeitsplätze (abgesenkte und unterfahrbare Arbeitsflächen) - Eigene Vorbereitungsküche für die Schulverpflegung	
Verkaufs- und Verzehrräume	
- Mensa und Bistro im Erdgeschoss des Hauptgebäudes - Große Verkaufsräume - Ansprechend gestaltete Verkaufs- und Verzehrräume - Sehr professionell eingerichtet	
Verkaufendes Personal	
- SuS der Fachklassen	
Schüler und Schülerinnen	
- k. A. da keine Pause war	

(Quelle: eigene Darstellung)

Die Ortsbegehung der dritten Schule zeigt, dass diese ebenfalls gute Rahmenbedingungen für eine Einbindung der SuS in die nachhaltige Schulverpflegung aufweist. Im Untergeschoss befinden sich neben den Hauswirtschafträumen eine moderne Lehrküche, eine Großküche und eine kalte Küche für die Schulverpflegung sowie Lager- und Kühlräume. Die Mensa und der Kiosk befinden sich im Erdgeschoss des Hauptgebäudes mit einigen Sitzplätzen. Diese befinden sich jedoch teilweise im Durchgangsbereich zum Treppenhaus. Ausgegeben werden die Speisen an einer Verkaufstheke durch die Hauswirtschaftsmeisterin, die auch für die Schulverpflegung verantwortlich ist. Die SuS nutzen nach Möglichkeit die vorhandenen Sitzplätze, da als Mittagsverpflegung nur Tellergerichte angeboten werden.

Tabelle 9c: Gedächtnisprotokoll Schule III

Ort	Schule III
Zeit	13.06.2017
Beteiligte Personen	Interviewerin
Küche	
- Großzügiger Küchen- und Lagerbereich im Untergeschoss - Großküche und kalte Küche für die Schulverpflegung - Modern ausgestattete Lehrküche	
Verkaufs- und Verzehrräume	
- Cafeteria/Kiosk und Mensa im selben Raum im Hauptgebäude - Während der Mittagsverpflegung haben Cafeteria/Kiosk nicht geöffnet - ca. 30 Sitzplätze - helle und freundliche Atmosphäre, jedoch z.T. im Durchgangsbereich zum Treppenhaus	
Verkaufendes Personal	
- Sehr freundlich, kompetent und zuvorkommend - Beständig, da immer gleiche Person (Hauswirtschaftsmeisterin)	
Schüler und Schülerinnen	
- Warten geduldig, da nur eine Verkaufstheke, an der auch bezahlt wird - Nutzen die Sitzmöglichkeiten soweit vorhanden, da es nur Tellergerichte und keine to-go-Produkte gibt	

(Quelle: eigene Darstellung)

Die vierte Schule verfügt seitens der Küche über sehr gute Rahmenbedingungen, um eine Beteiligung der SuS an der nachhaltigen Schulverpflegung zu ermöglichen: Die Groß- und Lehrküchen befinden sich im Nebengebäude und haben zu Lehrzwecken angeschlossene Verkaufsbereiche und Speiseräume. Die eigentliche Verkaufsmöglichkeit der Schulverpflegung befindet sich im Hauptgebäude und ist recht eingeschränkt: Im Eingangsbereich befindet sich der Schulkiosk/die Schulcafeteria mit einer kleinen Verkaufstheke und einer kleinen Vorbereitungstheke im hinteren Bereich. Im Eingangsbereich befinden sich Sitzmöglichkeiten.

Tabelle 9d: Gedächtnisprotokoll Schule IV

Ort	Schule IV
Zeit	07.07.2017 12:40 - 13:00 Uhr
Beteiligte Personen	Abteilungsleitung, Praxislehrkraft, Lehrkraft Interviewerin
Küche	
- Große und komplett ausgestattete Lehrküchen und Großküche - Angeschlossener Verkaufsbereich (Lehrbereich) - Helle und freundliche Speiseräume (Lehrbereich)	

Verkaufs- und Verzehrräume
- Cafeteria/Kiosk im Eingangsbereich des Hauptgebäudes - Allgemeine Sitzmöglichkeiten vorhanden - Kleiner Theken- und Verkaufsbereich - Vorbereitungsraum im hinteren Bereich
Verkaufendes Personal
k. A. (Cafeteria/Kiosk war bereits geschlossen, Personal wird durch Caterer gestellt)
Schüler und Schülerinnen
k. A. (Cafeteria/Kiosk war bereits geschlossen)

(Quelle: eigene Darstellung)

5.2 Fragebogen

Die Schule I zeichnet sich durch ihre Größe und Anzahl von 3.000 SuS aus. Dies bedingt eine relativ hohe Anzahl von verkauften Warmspeisen und Brötchen zur Zwischenverpflegung (250-300 Stück). Der Caterer, welcher die Schulverpflegung in Fremdbewirtschaftung unterhält, verwendet eine Aufbereitungsküche und eine Ausgabe über das Liniensystem. Insgesamt lässt sich die Schulverpflegung eher als ungesund beschreiben: Die Mahlzeiten sind sehr fleischlastig und fetthaltig mit einem hohen Energiegehalt und werden durch ein Getränkeangebot mit Limonaden, Cola und Energie-Drinks ergänzt. Dennoch wird das Essen von den SuS sehr gut angenommen und die Mensa wird als positiver Bestandteil des Schullebens geschätzt. Es kann kaum von einer nachhaltigen Schulverpflegung gesprochen werden, da die DGE-Qualitätsstandards nicht umgesetzt werden, eine Änderung der Portionengröße nicht möglich ist, es kein kostenfreies Trinkwasser im Menü gibt oder Bio-Lebensmittel verwendet werden. Eine Erhöhung des Anteils der Bio-Lebensmittel ist nicht geplant. Obwohl es täglich ein vegetarisches Angebot gibt, gibt es an keinem Tag nur vegetarische Speisen.

Tabelle 10a-d: Schulprofile für die Schulen I-IV aus den zusammengefassten Daten der Fragebögen

Tabelle 10a: Schulprofil für Schule I aus den zusammengefassten Daten des Fragebogens

Fragen	Kategorie	Schule I
1 bis 4	**Schule**	Berufskolleg städtischer Schulträger 3.000 SuS
5 bis 13	**Verpflegungssituation**	Mensa mit warmem Mittagessen; Automaten < 50 warme Speisen, 250 - 300 Brötchen
14 bis 33	**Mittagsverpflegung**	30 Minuten Mittagspause Teilnahme einzelner Lehrkräfte Fremdbewirtschaftung durch Caterer Aufbereitungsküche

Fragen	Kategorie	Schule I
		Linienausgabe vorportionierte Menüs Menü, Salat- u. Pastabuffet keine Bioprodukte, aber regionale Lebensmittel täglich vegetarisches Menü 5 € pro Menü
34 bis 38	**Zwischenverpflegung**	Zwischenverpflegung durch Automaten während der gesamten Schulzeit Angebot: Belegte Brötchen, Obst, Süßwaren, Suppen/Brühe, Tee, Fruchtnektare & Fruchtsaftgetränke, Milchprodukte, Vollkornbrötchen, Warme Snacks, Kaffeegetränke, Limo, Cola, Fruchtsäfte; Sonstige: Energiedrinks Produkte aus fairem Handel Fremdbewirtschaftung durch Caterer
39 bis 41	**Optimierungswünsche und Herausforderungen**	Zu viel Fleisch, Kalorien, überbacken und zu fettig und teuer; Kaffee aus dem Automaten mit schlechtem Geschmack ist zu teuer; Wunsch nach geändertem Menüplan mit niedrigeren Preisen; Nebenstandort: Versorgung ist unbefriedigend, wurde vernachlässigt, muss gleichgestellt werden Das Essen schmeckt nicht; Konkurrenz außerschulischer Essensanbieter (Pizzadienst, Fast-Food-Ketten); Das Menü ist zu teuer; Kaum Möglichkeiten der Einflussnahme durch Schüler, Lehrer, Eltern; Aber: Essen wird insgesamt sehr gut angenommen; Mensa als Anlaufstelle; Verbesserung des Schulklimas; Gemeinschaftsgefühl
13, 23, 25, 27-30	**Nachhaltigkeit**	k. A., ob DGE-Standards bekannt sind Änderung der Portionengröße nicht möglich kein kostenfreies Trinkwasser keine Bio-Lebensmittel, aber regional keine Beabsichtigung, Bio-Anteil zu erhöhen täglich vegetarisches Menü (Pasta & Salat) kein Tag, an dem nur ein vegetarisches Menü angeboten wird

(Quelle: eigene Darstellung)

Die zweite Schule führt ihre Schulverpflegung in Eigenbewirtschaftung durch und versorgt die SuS täglich mit bis zu 100 warmen Speisen und weiteren 100 bis 150 Snacks, die frisch in einer Zubereitungsküche hergestellt werden. Über ein Free-Flow-System können individuelle Portionen durch eine freie Komponentenwahl zusammengestellt werden. Das Angebot zeichnet sich durch viele frische (Obst, Salat, Gemüse und Müsli) und hausgemachte Produkte (selbstgebackener Kuchen, selbstgemachter Kakao) aus. Somit werden seitens der Schule kaum Optimierungswünsche angebracht. An dieser Schule kann von einer nachhaltigen Schulverpflegung im Rahmen der verfügbaren Möglichkeiten gesprochen werden. Die DGE-Qualitätsstandards sind bekannt, die Portionsgröße kann variiert werden, es gibt kostenfreies Trinkwasser zu den Menüs, die Lebensmittel sind biozertifiziert, es gibt überwiegend vegetarische Menüs, auch wenn es keinen Tag gibt, an dem nur vegetarische Speisen angeboten werden.

Tabelle 10b: Schulprofil für Schule II aus den zusammengefassten Daten des Fragebogens

Fragen	Kategorie	Schule II
1 bis 4	**Schule**	Berufskolleg städtischer Schulträger 1.300 SuS
5 bis 13	**Verpflegungssituation**	Mensa mit warmem Mittagessen; Cafeteria mit Snacks; Automaten 51 - 100 warme Speisen; 101 - 150 Snacks
14 bis 33	**Mittagsverpflegung**	25 Minuten Mittagspause ca. 25 % der Lehrkräfte nimmt teil Eigenbewirtschaftung Zubereitungsküche Free-Flow-System individuelle Portionen freie Komponentenwahl überwiegend Bioprodukte täglich vegetarisches Menü Ø 2,50 € pro Menü
34 bis 38	**Zwischenverpflegung**	Zwischenverpflegung durch Automaten während der gesamten Schulzeit Angebot: Belegte Brötchen, Obst, Salate, Süßwaren (selbstgebackener Kuchen), Suppen/Brühe, Tee, Fruchtnektare & Fruchtsaftgetränke, Milchprodukte (selbstgemachter Kakao), Vollkornbrötchen, Gemüse, Müsli, warme Snacks, Kaffeegetränke, Limo, Cola (nur Coke Zero am Automaten), Fruchtsäfte Produkte aus fairem Handel Eigenbewirtschaftung
39 bis 41	**Optimierungswünsche und Herausforderungen**	Konkurrenz durch Automaten; Bio-Anteil weiter erhöhen (minimal möglich); Pausenverlängerung
13, 23, 25, 27-30	**Nachhaltigkeit**	DGE-Standards sind bekannt Änderung der Portionengröße ist möglich kostenfreies Trinkwasser überwiegend Bio-Lebensmittel, sonst regional & saisonal Anteil der Bio-Lebensmittel kann nur noch eingeschränkt erhöht werden Menüs sind überwiegend vegetarisch kein Tag, an dem nur ein vegetarisches Menü angeboten wird

(Quelle: eigene Darstellung)

Schule III ist mit 850 SuS die kleinste der befragten Schulen. Dennoch werden die SuS täglich mit bis zu 100 warmen Speisen versorgt, die frisch in einer Zubereitungsküche in Eigenbewirtschaftung produziert werden. Die Ausgabe erfolgt über eine Linienausgabe, bei der Portionswünsche individuell berücksichtig werden. Es gibt täglich ein Menü oder einen Salatteller. Das Menü ist mit 2,50 € sehr günstig. Gewünscht werden seitens der Schule kalkulierbarere Essenszahlen, da entweder zu wenig Mahlzeiten gekocht werden oder Reste bleiben. Eine nachhaltige Schulverpflegung wird weitestgehend durch das Wissen um die DGE-Qualitätsstandards, eine Änderung der Portionsgröße, kostenfreiem Trinkwasser zu den Menüs, täglich vegetarischen Speisen und einem Tag mit ausschließlich vegetarischen Speisen erzielt. Lediglich der Bio-Anteil der Lebensmittel soll weiter erhöht werden, da nur regionale und saisonale, aber keine Bio-Lebensmittel verarbeitet werden.

Tabelle 10c: Schulprofil für Schule III aus den zusammengefassten Daten des Fragebogens

Fragen	Kategorie	Schule III
1 bis 4	**Schule**	Berufskolleg bischöfliche Trägerschaft 850 SuS
5 bis 13	**Verpflegungssituation**	Mensa mit warmem Mittagessen; Kiosk; Cafeteria mit kleinen Snacks; Automaten 51 - 100 warme Speisen
14 bis 33	**Mittagsverpflegung**	30 Minuten Mittagspause ca. 25 % der Lehrkräfte nimmt teil Eigenbewirtschaftung Zubereitungsküche Linienausgabe individuelle Portionen Menü oder Salatteller Konventionelle Lebensmittel täglich vegetarisches Menü 2,50 € pro Menü
34 bis 38	**Zwischenverpflegung**	Zwischenverpflegung durch Cafeteria/Kiosk während der gesamten der Pausen Angebot: Belegte Brötchen, Obst, Süßwaren (Nussmischungen; Fairtrade-Produkte im Lehrerzimmer), Milchprodukte, Kaffeegetränke Produkte aus fairem Handel Eigenbewirtschaftung
39 bis 41	**Optimierungswünsche und Herausforderungen**	kalkulierbarere Essenszahlen (entweder Reste oder zu wenig); zu kurze Mittagspause (+ 10 Minuten); mehr Nachhaltigkeit und DGE als Vorbild, Rezeptkartei entsprechend DGE "Fit in Form" Bestellsystem funktioniert nicht optimal (noch nicht vorhanden); Bezahlsystem funktioniert nicht optimal; Konkurrenz außerschulischer Essensanbieter

Fragen	Kategorie	Schule III
13, 23, 25, 27-30	**Nachhaltigkeit**	DGE-Standards sind bekannt Änderung der Portionengröße ist möglich kostenfreies Trinkwasser Keine Bio-Lebensmittel Anteil der Bio-Lebensmittel soll erhöht werden Täglich ein vegetarisches Menü Tag in der Woche, an dem nur ein vegetarisches Menü angeboten wird

(Quelle: eigene Darstellung)

Die vierte Schule verfügt über keine eigene Mensa, sondern nur über eine Cafeteria, die in Fremdbewirtschaftung Snacks verkauft, die in einer Aufbereitungsküche hergestellt und im Liniensystem ausgegeben werden. Die Snacks sind mit einem durchschnittlichen Preis von 1,80 € sehr günstig, sind jedoch nicht mit einem Menü der Mittagsverpflegung zu vergleichen. Im Angebot sind neben Süßigkeiten auch Energie-Drinks. So wünscht sich die Schule ein gesunderes, vollwertigeres Angebot mit mehr Obst, Gemüse, Joghurt und Salaten, sowie festen Sitzmöglichkeiten und einer direkteren Einflussnahme. Es kann nicht von einer nachhaltigen Schulverpflegung gesprochen werden, da es keine Angaben gibt, ob die DGE-Qualitätsstandards bekannt sind, eine Änderung der Portionen nicht möglich ist, es kein kostenfreies Trinkwasser zu den Menüs gibt, keine Bio-Lebensmittel verwendet werden und auch nicht erhöht werden sollen, es zwar täglich ein vegetarisches Angebot gibt, aber keinen Tag mit nur vegetarischen Speisen.

Tabelle 11: Schulprofil für Schule IV aus den zusammengefassten Daten des Fragebogens

Fragen	Kategorie	Schule IV
1 bis 4	**Schule**	Berufskolleg städtischer Schulträger 1.500 SuS
5 bis 13	**Verpflegungssituation**	keine Mensa; Cafeteria mit Snacks
14 bis 33	**Mittagsverpflegung**	15 Minuten Mittagspause keine Mittagsverpflegung Fremdbewirtschaftung durch Caterer Aufbereitungsküche Linienausgabe nur Snacks Konventionelle Lebensmittel täglich vegetarisches Menü Ø 1,80 € pro Snack
34 bis 38	**Zwischenverpflegung**	Zwischenverpflegung durch Cafeteria/Kiosk während der gesamten Schulzeit Angebot: Belegte Brötchen, Süßwaren, Suppen/Brühe, Fruchtnektare & Fruchtsaftgetränke, Milchprodukte, Warme Snacks, Kaffeegetränke, Sonstige: Energie-Drinks

Fragen	Kategorie	Schule IV
		Produkte aus fairem Handel Fremdbewirtschaftung durch Caterer
39 bis 41	**Optimierungswünsche und Herausforderungen**	gesunde, vollwertige Ernährung; mehr Obst & Gemüse, Joghurt, Salate; regelmäßiger Mittagstisch, Sitzmöglichkeiten; Verpflegung im Lehrerzimmer Zuständigkeiten müssten klar geregelt werden; knappe Personalausstattung in der Mensa; Konkurrenz außerschulischer Essensanbieter; Kaum Möglichkeiten der Einflussnahme durch die Schüler-, Lehrer- und Elternschaft
13, 23, 25, 27-30	**Nachhaltigkeit**	DGE-Standards sind bekannt Änderung der Portionengröße ist nicht möglich Kein kostenfreies Trinkwasser Keine Bio-Lebensmittel Anteil der Bio-Lebensmittel soll nicht erhöht werden Täglich ein vegetarisches Menü Kein Tag, an dem nur ein vegetarisches Menü angeboten wird

(Quelle: eigene Darstellung)

5.3 Leitfadengestütztes Experteninterview

5.3.1 Unterrichtliche Einbindung

In Abschnitt 2.7.2 wurde die Hypothese (H_i) aufgestellt, dass Schulverpflegung nicht im Unterricht thematisiert und eingebunden wird, weil sie nicht durch den Rahmenlehrplan vorgeschrieben ist. Die Ergebnisse des leitfadengestützten Experteninterviews zeigen jedoch, dass an drei von vier Schulen (S II/ III/ IV) eine Einbindung in die Unterrichtszeit oder eine konkrete Thematisierung stattfinden und die Hypothese somit nicht bestätigt werden kann.

Die Einbindung erfolgt an den drei Schulen jedoch mit unterschiedlicher Intensität. An Schule II (kurz: S II) erfolgt besonders in der Berufsfachschule im ersten Jahr eine enge Verzahnung von Theorie und Praxis (vgl. S II, 15)[15]. So haben die SuS des Berufsfeldes Ernährung und Hauswirtschaft sechs Stunden Fachpraxis pro Woche, die auch dazu genutzt werden, Produkte für die Schulverpflegung herzustellen (vgl. S II, 28). Insgesamt sind die SuS in alle Prozessschritte eingebunden, außer diese werden bereits seitens der Schule organisiert, wie die grundlegende Struktur des Abfallmanagements (vgl. S II, 17).

[15] Das Format für die Zitation der Interviews besteht aus der Abkürzung der Schule (S I/II/III/IV) und der jeweiligen Zeile des Transkripts in den Summary-Grids (vgl. Anhang 7).

An Schule III wird die Schulverpflegung beispielsweise genutzt, um das HACCP-Konzept zu erarbeiten (vgl. S III, 11):

> „In der AHR, also im beruflichen Gymnasium ist es so, dass die Schulverpflegung als eine Möglichkeit angesprochen werden kann, wenn es um Hygienevorschriften geht, das HACCP-Konzept […]“.

Zudem helfen täglich zwei angehende Sozialassistenten oder -assistentinnen in der Küche und unterstützen bei der Zubereitung der Mittagsverpflegung (vgl. S III, 13-19). Dieses sogenannte Cateringamt umfasst hauptsächlich die Vor- und Zubereitung und die Reinigung und Pflege (vgl. S III, 21). Zusätzlich leitet die Wirtschafts-AG den Schulkiosk und nutzt Aktionen, um sich mit dem Verkauf von Obstsalaten oder Smoothies an der Schulverpflegung zu beteiligen (vgl. S III, 25/35).

Schule IV bindet die SuS nur an Aktionen in die Schulverpflegung ein, bei der pro Klasse zweimal im Jahr ein Mittagstisch für die Lehrkräfte organisiert wird (vgl. S IV, 26). Dann übernehmen die SuS jedoch alle anfallenden Prozessschritte (vgl. S IV, 27). Diese Aktionen werden innerhalb des Unterrichts geplant und durchgeführt (vgl. S IV, 14).

5.3.2 Außerunterrichtliche Einbindung

Hinsichtlich der außerunterrichtlichen Einbindung wurde die Hypothese (H_{ii}) aufgestellt, dass die SuS nur im Rahmen von verkaufenden Tätigkeiten in der Schulverpflegung eingesetzt werden. Diese Hypothese kann nicht eindeutig widerlegt oder bewiesen werden, da kaum außerunterrichtliche Aktivitäten zur Schulverpflegung beitragen.

An Schule I finden Aktionen zur Verbesserung der Klassenkasse statt (vgl. S I, 29):

> „Das heißt sowohl unser berufliches Gymnasium steht häufiger mal zum Kuchenverkauf oder Waffelverkauf oder wenn es dann die Herren eher sind, dann zum Würstchengrillen. Dann gibt es in der zweiten Pause Würstchen“.

Hier steht zwar die verkaufende Tätigkeit im Vordergrund, jedoch ist anzunehmen, dass die SuS auch bei den vor- und zubereitenden Tätigkeiten oder dem Einkauf mitgewirkt haben.

An Schule III leitet die Wirtschafts-AG den Schulkiosk (vgl. S III, 25). Neben der Planung in der AG-Zeit verkaufen sie während der Pausen:

> „A: Richtig, überwiegend in den Pausen, wobei die natürlich als AG zwei Stunden in der Woche haben, oder in Teilen sogar drei, weil es auch ein Grundkurs ist im beruflichen Gymnasium, wo sie den Kiosk bestücken, wo sie auch die Bestellungen machen. Sie sind also, die Wirtschaftsleute, komplett also auch in

diesen Ablauf involviert, das ist natürlich auch ein unterrichtliches Ziel, dass sie solche Prozessabläufe kennen lernen“ (S III, 27).

Zudem sollen an der dritten Schule eigentlich täglich SuS bei der Ausgabe des Mittagessens mithelfen (vgl. S III, 38). Aber dies ist im Laufe des Schuljahres aufgrund von Klausuren oder ähnlichen Verpflichtung schwer einzuhalten (vgl. S III, 38).

5.3.3 Praktikumsmöglichkeiten

Die Hypothese (H_{iii}), dass die Schulverpflegung nicht als Praktikumsmöglichkeit genutzt werden kann, kann nicht bestätigt werden, da zumindest an einer Schule die Möglichkeit besteht. An Schule II wird der Fachpraktische Unterricht der höheren Berufsfachschule mit acht Wochen als Praktikumszeit angerechnet:

> „Wir erkennen zwölf Wochen über die Schule an und zwar acht Wochen über den praktischen Unterricht in der Schule und vier Wochen über ein externes Praktikum, das die SuS haben. So kommen sie auf diese zwölf Wochen“ (S II, 37).

An den Schulen I und IV besteht derzeit nicht die Möglichkeit, ein Praktikum zu absolvieren:

> „Also haben wir noch nicht gemacht, also habe ich noch nicht gesehen. Ich will das nicht ausschließen. Wir haben gerade in der Berufsfachschule Ernährung und Hauswirtschaft Praktika, natürlich. Fünf Wochen oder so. Die sind in der Regel in Gastronomiebetrieben auswärts. Also ich weiß nicht, ob die Kollegen das schon mal angefragt haben, ob es geht“ (S I, 45).
>
> Bei Schule III besteht nur in Ausnahmefällen die Möglichkeit, dass einzelne Tage nachgeholt werden können (vgl. S III, 45). Da an Schule IV keine regelmäßige Schulverpflegung stattfindet, kann hier auch kein Praktikum absolviert werden.

5.3.4 Ernährungsbildung

Dass eine Einbindung der SuS in die Schulverpflegung die ausgewählten Kompetenzen der Ernährungs- und Verbraucherbildung maßgeblich fördern kann, wie die vierte Hypothese (H_{iv}) annimmt, wird besonders durch die Schulen II und III bestätigt:

> „Ich mache auch immer am Ende der zwei Jahre so eine Reflexion, inwieweit sich das eigene Ernährungsverhalten und die Nachhaltigkeit verändert hat. Und es ist immer eine Veränderung feststellbar“ (S II, 45).

> „Das ist eben im Grunde die Ernährungsbildung, die einfach wichtig ist, das ist eben die Prävention, diese Geschichte, die dahinter steht, die Verhältnis- und Verhaltensprävention“ (S III, 91).

Die Schulen I und IV können dahingehend keine Erkenntnisse liefern, da keine regelmäßige Schulverpflegung und somit Einbindung der SuS stattfindet. Anhand der Ergebnisse von Schule III lässt sich zudem zeigen, dass nicht nur die direkte Einbindung in die Schulverpflegung, sondern auch die Teilnahme (Verzehr) zur Förderung der ausgewählten Kompetenzen beiträgt:

> „A: Also wenn Reste bleiben, schmeißen wir die in der Regel nicht einfach weg […], aber es gibt immer wieder SuS, die gerne etwas mitnehmen […]. Das gehört auch mit zur Nachhaltigkeit. Das kriegen die SuS auch mit.
> B: Und die fragen auch „Was machen Sie denn mit dem was überbleibt?“ Und dann erkläre ich das auch. Und damit sind die auch zufrieden. […]
> A: Also ich glaube die SuS kriegen in diese Richtung schon ganz schön viel mit.
> B: Ich meine aber auch, dass im Bereich der Mittagsverpflegung, das merken die schon, dass das frisch gekocht ist, dass es frisch zubereitet ist […] (vgl. S III, 81-92).

So wird auch die allgemeine Verhaltensänderung der SuS sichtbar, immer stärker ihr eigenes Essverhalten zu reflektieren (vgl. S III, 92).
Für beide Schulen gilt, dass die SuS, die in die Schulverpflegung eingebunden sind, deutlich sicherer in der Kultur und Technik der Nahrungszubereitung und Mahlzeitengestaltung sind, als ihre Mitschüler und Mitschülerinnen:

> „Also „Produzenten[16]“ ja auf jeden Fall. Die können gar nicht anders. Die kennen es auch nicht anders“ (S II, 47).

> „A: Das ist schwierig, weil die SuS ja in diesem Zusammenhang gar nicht so in die Zubereitung involviert sind. Für die Sozialassistenten[17], ja“(S III, 59).

5.3.5 Nachhaltigkeit in der Schulverpflegung

Die Hypothese (H_V), dass Nachhaltigkeit nicht im Rahmen der Forderungen der Rahmenlehrpläne im Unterricht thematisiert wird, kann teilweise bestätigt werden. Auch wenn Nachhaltigkeit oft in vielen Bildungsgängen thematisiert wird (vgl. S I, 79/ S II,

---

[16] Als „Produzenten“ werden in diesem Interview die SuS bezeichnet, die in die Schulverpflegung eingebunden sind und Speisen für die Schulverpflegung produzieren. Als „Konsumenten“ werden die SuS bezeichnet, die nur als verzehrende SuS an der Schulverpflegung teilnehmen.

[17] Die angehenden Sozialassistenten übernehmen das Cateringamt.

60/ S III, 110/ S IV, 80), so wird Nachhaltigkeit noch nicht als gefordertes Unterrichtsprinzip unterrichtet (vgl. S I, 79). Viele Ansätze, die zum Konzept der Nachhaltigkeit gehören, werden losgelöst thematisiert, wie das energiesparende Kochen:

> „A: Garen mit oder ohne Deckel.
> B: Man kann Brokkoli beispielsweise mit so wenig Wasser kochen“ (S III, 115-116),

> „Nachfrage: Ich glaube da sind grade ganz viele Themen, die nicht vor Augen sind.
> B: Ja, die so selbstverständlich sind.“ (S III, 119-120).

Bestätigt werden kann die Hypothese (H_{vi}), dass wenn Nachhaltigkeit thematisiert wird, dass dann werden besonders die ökologischen Aspekte hervorgehoben. Bis auf Schule I, die dahingehend keine Aussagen machen kann (S I, 84), werden an den Schulen II und III besonders die ökologischen Aspekte thematisiert:

> „A: Also im Vordergrund steht glaube ich der ökologische Aspekt“ (S III, 127),

> „Nein, also die Ökologischen werden auf jeden Fall thematisiert, die sind ja auch oft für die SuS sehr interessant […]“ (S II, 67).

Schule III ergänzt jedoch noch:

> „Auch die Überbegriffe überhaupt schon sind für die SuS schwer (S IV, 87)“.

Die Schule II hat festgestellt, dass die ökologischen als auch die ökonomischen Aspekte der Nachhaltigkeit von den SuS deutlich intensiver behandelt werden, als die sozialen Aspekte:

> „Aber die sozialen nicht so intensiv. […] Es wird thematisiert, aber nicht gleichwertig“ (S II, 67).

Jedoch werden bei den sozialen Aspekten bei den Schulen II, III und IV hauptsächlich die Arbeitsbedingungen der produzierenden Länder thematisiert:

> „Bei den sozialen Aspekten, das geht dann mehr so in den Politikunterricht. Wenn wir uns anschauen, wie in Nicht-Industriestaaten produziert wird und wie die Menschen dort leben“ (S II, 67).

> „Der soziale Aspekt, also wenn es darum geht, faire Handelsbedingungen zu schaffen ist das in der Regel den SuS nicht so präsent, die Transfair-Produkte, ja die sind bekannt, aber sind nicht so weit verbreitet“ (S III, 127).

> „C: Hauptsächlich, weil das ist dass, womit die zu tun haben, oder was die halt auch so verstehen, sind halt eben die Arbeitsbedingungen. Oder eben auch Fairtrade im fairen Handel, die Arbeitsbedingungen“ (S IV, 95).

Deutlich lebensnäher für die SuS wären die eigenen Arbeitsschutzbedingungen oder ergonomisches Arbeiten.
Inwieweit die eigene Schulverpflegung genutzt wird (H_{vii}), um Nachhaltigkeit zu thematisieren hängt wieder stark von der eigenen Schulverpflegung ab. So kann Schule I durch die fehlende Einbindung in die Schulverpflegung dahingehend keine Aussagen machen. In den Schulen II und III wird die Schulverpflegung genutzt, um die Themen Lebensmittelverschwendung, Regionalität oder Saisonalität zu behandeln (vgl. S II, 62/ S III, 114). An Schule IV wird Nachhaltigkeit zwar im Rahmen der Gemeinschaftsverpflegung thematisiert, jedoch nicht an der eigenen Schulverpflegung (vgl. 82-83).

5.3.6 Chancen und Herausforderungen

Die Einbindung nachhaltiger Schulverpflegung in das Bildungsangebot bietet die Chance, die ausgewählten Kompetenzen der Ernährungs- und Verbraucherbildung zu schulen, lehrplanrelevante Themen miteinander zu verknüpfen und die SuS zu einem nachhaltigen Lebensstil zu befähigen. Diese Hypothese (H_{viii}) wird nur in Teilen von den befragten Schulen bestätigt. So werden von Schule IV Chancen in der Erfüllung der vorgestellten REVIS-Bildungsziele gesehen (vgl. S IV, 107), die anderen Schulen benennen für die Einbindung der SuS in eine nachhaltige Schulverpflegung jedoch andere Chancen. Schule II gibt eine sich entwickelnde Routine an, die sich durch die permanente Beschäftigung entwickelt und so einem „Verdrängungsmechanismus“ entgegenwirkt:

> „Also die Chancen sind natürlich optimal wenn ich die Schulverpflegung habe. Das ist, da finde ich die Arbeit mit den Produkten, das ist ja auch immer ein stetiger Anknüpfungspunkt und eine permanente Beschäftigung. Und wenn etwas permanent getan wird, dann entwickelt sich auch eine Routine im Denken [...] Der Verdrängungsmechanismus kann da nicht so gut funktionieren“ (S II, 72).

Schule III beantwortetet die Frage nach den Chancen besonders hinsichtlich einer allgemeinen Teilnahme (Verzehr), so dass hier die Chancen in einer gesunden und vollwertigen Schulverpflegung als Voraussetzung für gute Bildungsqualität angesehen werden (vgl. S III, 136). Obwohl Schule I keine Einbindung der SuS in die Schulverpflegung hat, werden große Chancen hinsichtlich eines reflektierten Verhaltens zum Wohl des Klima- und Umweltschutzes gesehen (vgl. S I, 99).

Während im Vorfeld die Herausforderung hinsichtlich einer Erschwerung der Einbindung der SuS durch die Fremdbewirtschaftung eines Caterers herausgearbeitet wurde (H_{ix}), sind die von den Schulen benannten Herausforderungen deutlich vielseitiger. Eine Herausforderung, die sowohl von Schule I wie auch von Schule IV genannt wird, sind die strengen und konkreten Prüfungsvorgaben des dualen Systems, die eine regelmäßige Einbindung in die Schulverpflegung nicht gestatten:

> „Weil natürlich schon in den Berufsschulklassen gibt es klare Vorgaben, Inhalte, Prüfungen, Prüfungstermine und da ist die Frage, ob wir uns da Zeit nehmen"
> (S I, 101),

> „B: Aber selbst, wenn wir im Dualen System Köche hätten, die müssen ja heutzutage auf ihre Abschlussprüfung vorbereitet werden. Die sind ja nicht in der Schule, um da eine Verpflegung zu machen. Das machen die ja im Betrieb. Also das muss man auch sehen. Die lernen ja heute im Betrieb kaum noch was, außer Tüten öffnen. Und das ist das Problem. Auch die könnten so eine Schulverpflegung nicht stemmen" (S IV, 111).

Aus diesem Grund wünscht sich Schule IV eine(n) festangestellte(n) Köchin/Koch oder Hauswirtschafter(in), die durch die SuS unterstützt wird, aber dennoch als beständige Größe für die Organisation verantwortlich ist (vgl. S IV, 111). Weitere Herausforderungen sind für Schule IV die leistungsschwachen Bildungsgänge (vgl. S IV, 118) und ein eingeschränktes Angebot im Bereich Ernährung und Hauswirtschaft (vgl. S IV, 109-110). Für die zweite Schule, die eine sehr hohe Einbindung der SuS aufweist, ist die Herausforderung, dass dies zum großen Teil dem freiwilligen Engagement der Lehrkräfte geschuldet ist, deren Leistung stärker anerkannt werden sollte (vgl. S II, 74). Als kleinste Schule hat Schule III die Herausforderung, dass sie nicht mit ökologischen Lebensmitteln beliefert wird, da die Mengen viel zu klein sind (vgl. S III, 138). Des Weiteren benennt sie als Herausforderung die Ressourcen und das Budget (vgl. S III, 138). In Bezug zur Hypothese benennt einzig Schule I die Herausforderung durch die Konkurrenz zum Kiosk, welcher in Fremdbewirtschaftung geführt wird:

> „Die kochen und lernen kochen und essen diese Lebensmittel entsprechend. Dann nach dem Unterricht und im Unterricht auch nochmal. Ein Problem was den Absatz an dem Kiosk nicht steigerte, weil sich ein Teil der SuS praktisch selber verpflegte. Das reduziert den Umsatz dann auch" (vgl. S I, 23).

5.4 Verknüpfung der Ergebnisse aus Ortsbegehung, Fragebogen und Interview

Durch die Darstellung der Ergebnisse zeigt sich, dass jeweils zwei Schulen ähnliche Rahmenbedingungen, Einbindung in die Schulverpflegung, Herausforderungen und Umsetzung einer nachhaltigen Schulverpflegung haben. Sehr ähnlich sind sich jeweils die Schulen I und IV und die Schulen II und III.

Die Schulen I und IV zeichnen sich dadurch aus, dass die Schulverpflegung in Fremdbewirtschaftung durch einen Caterer bzw. Kioskbetreiber erfolgt. Die Speisen werden in einer Aufbereitungsküche (*Cook & Freeze/Chill*) zubereitet und über eine Linienausgabe verkauft. Dies hat in beiden Fällen vorportionierte Menüs oder Snacks zur Folge. In beiden Schulen werden nur konventionelle Lebensmittel verwendet. Die Zwischen- und Mittagsverpflegung kann an beiden Schulen als tendenziell ungesund beschrieben werden. Es werden gesüßte Getränke, Süßwaren koffeinhaltige Getränke und Energydrinks verkauft. An Schule I sind zudem der hohe Fleischanteil und die kalorienhaltige Zubereitung auffällig. So sind beide Schulen nicht mit der Einflussnahme hinsichtlich einer gesunden Ernährung zufrieden und wünschen sich eine gesundere Verpflegung. Auch werden an beiden Schulen die SuS nicht regelmäßig in die Schulverpflegung miteingebunden und können keine Praktika in der Schulküche absolvieren. Als Herausforderungen benennen beide Schulen die fehlenden Fachkräfte, die Konkurrenz zur Cafeteria bzw. zum Kiosk und die Prüfungsvorgaben für das Duale System, welche eine Einbindung der SuS in die Schulverpflegung erschweren. An beiden Schulen kann noch nicht von einer nachhaltigen Schulverpflegung gesprochen werden, da viele Aspekte wie kostenfreies Trinkwasser, Verwendung von Bio-Lebensmitteln und Änderung der Portionengröße nicht gegeben sind.

Die Schulen II und III verfügen beide über eine warme Mittagsverpflegung, die mit einer Zwischenverpflegung durch Cafeteria, Kiosk und Automaten ergänzt wird. Die Verpflegung findet an beiden Schulen in Eigenbewirtschaftung mit der Einbindung von SuS in Form einer Frisch- und Mischküche statt. Täglich werden je Schule zwischen 51 und 100 warme Speisen und zusätzlich 100 bis 150 Snacks ausgegeben. Besonders in der Mittagsverpflegung ist es möglich die Portionen individuell anzupassen. Schule II verwendet zudem überwiegend biologische Lebensmittel. Schule III wird aufgrund der kleinen Größe derzeit nicht mit biologischen Lebensmitteln beliefert, strebt es aber an. Die Kosten für ein Menü sind mit 2,50 € an beiden Schulen gleich. Besonders die Zwischenverpflegung ist an diesen beiden Schulen deutlich gesünder als an den Schulen I und IV. Es werden an beiden Schulen Obst und Milchprodukte angeboten. Energiedrinks sind an keiner der beiden Schulen zu kaufen. Die Herausforderungen fallen entsprechen gering aus. Schule III wünscht sich kalkulierbarere Essenszahlen und eine Optimierung des Bezahlsystems. Beide Schulen würden eine Verlängerung der Mittagspause befürworten. An diesen beiden Schulen kann eher von einer nachhaltigen Schulverpflegung, zumindest im Rahmen der Möglichkeiten, gesprochen werden. Beide Schulen kennen die DGE-Qualitätsstandards, bieten kostenfreies Trinkwasser zu den Menüs an, verändern die Portionen nach Wunsch und bieten weitestgehend vegetarische Menüs an.

6 Fazit und Ausblick

Alles in allem wird in dieser Arbeit gezeigt, inwieweit ausgewählte Berufskollegs mit dem Berufsfeld Ernährung und Hauswirtschaft die SuS unter dem Aspekt der Nachhaltigkeit in die Schulverpflegung und damit in das Bildungsangebot einbinden.

Zu Beginn konnten die strukturellen Besonderheiten des Berufskollegs, wie eine stark variierende Schülerzahl über den Schuljahresverlauf und die heterogene Altersstruktur der SuS als besondere Herausforderung an eine Schulverpflegung herausgearbeitet werden. Des Weiteren wurden die beteiligten Akteure vorgestellt und die Bedeutung einer gesunden Zwischenverpflegung deutlich gemacht, die weder in Attraktivität noch im Energiegehalt mit der Mittagsverpflegung konkurrieren darf. Wie die Auswahl des Verpflegungssystems die Arbeitsintensität der einzelnen Prozessschritte beeinflusst, wurde in Abschnitt 2.4 dargestellt. Es konnte gezeigt werden, dass für Berufskollegs, die über eine Großküche verfügen, die Frisch- und Mischküche (*Cook & Serve)* das sinnvollste und nachhaltigste Verpflegungssystem ist, da bestehende Ressourcen genutzt werden und gleichzeitig, wie durch den zweiten, empirischen Teil, bestätigt wurde, die SuS in diese Verpflegung optimal einbezogen werden können.
Die Schulverpflegung bietet sich für eine Verknüpfung von Bildung und Nachhaltigkeit an, da die Ernährung einen großen Anteil am ökologischen Fußabdruck hat und die Ernährung der SuS während ihrer Schulzeit zu einem Großteil durch die Schule erfolgt. Somit ist der Einfluss der Schulverpflegung sehr hoch. Des Weiteren kann die Schulverpflegung genutzt werden, um berufliche Kompetenzen zu erlangen oder zu fördern. Die Untersuchung der ausgewählten Berufe hat gezeigt, wie viele Parallelen zwischen den Rahmenlehrplänen und den Tätigkeiten der Schulverpflegung zu finden sind und wie sie mit der Nachhaltigkeit verknüpft werden können.

Im empirischen Teil erfolgte eine qualitative Bestandsanalyse von vier Berufskollegs in Münster und naher Umgebung. Durch die drei Forschungsinstrumente (Gedächtnisprotokoll der Ortsbegehung, qualitativer Fragebogen und leitfadengestütztes Experteninterview) wurden die zuvor aufgestellten Hypothesen untersucht.
Durch das Interview konnte erforscht werden, dass die Schulverpflegung teilweise bereits in den Unterricht eingebunden wird. So kann sie genutzt werden, um das HACCP-Konzept zu erarbeiten oder um während des Fachpraxis´ Unterricht einen Einblick in die Arbeit einer Großküche zu geben.
Eine außerunterrichtliche Einbindung erfolgt selten und wenn dann im Rahmen von Aktionen zur Aufbesserung der Klassenkassen durch den Verkauf von selbstgemachten Kuchen, Waffeln oder Gegrilltem.

J. K. Hergemöller, *Nachhaltige Schulverpflegung an Berufskollegs*,
Forschungsreihe der FH Münster, https://doi.org/10.1007/978-3-658-22490-5_6

Praktikumsmöglichkeiten gibt es nur eingeschränkt in der Schulverpflegung. Vielmehr kann nur eine Anrechnung des fachpraktischen Unterrichts an einer Schule festgestellt werden.
Die Ernährungsbildung kann hingegen durch die Einbindung in die Schulverpflegung gefördert werden. Auch die bloße Teilnahme an einer nachhaltigen Schulverpflegung fördert die ausgewählten REVIS-Bildungsziele.
Nachhaltigkeit wird noch nicht durchgängig in den Unterricht eingebunden. Oft werden zwar Aspekte der Nachhaltigkeit unterrichtet, sie werden aber nicht als solche gekennzeichnet. Von den drei Aspekten Ökologie, Ökonomie und Soziales werden besonders die ökologischen Aspekte hervorgehoben.
Die große Chance einer Einbindung der SuS ist, dass durch die ständige Auseinandersetzung mit einer nachhaltigen Schulverpflegung keine Verdrängungsmechanismen greifen können und stattdessen eine nachhaltige Schulverpflegung durch die SuS tagtäglich gelebt wird.
Eine große Herausforderung ist, dass durch eine Fremdbewirtschaftung der Einfluss auf die Speisenauswahl und somit die ernährungsphysiologische Qualität sinkt und zudem die Einbindung der SuS erschwert.

Für die Zukunft bietet die Schulverpflegung ein bislang überwiegend ungenutztes Potenzial, die Bildungsaufgabe der Schulen auf die Ernährung der SuS auszuweiten und sie auf ein selbstständiges, gesundes Leben vorzubereiten. Besonders die Berufskollegs der Ernährung und Hauswirtschaft sollten in eine Eigenbewirtschaftung der Schulverpflegung investieren, um einen maximalen Nutzen für die SuS zu erzielen. So sollten weitere Maßnahmen zur Ernährungsbildung entwickelt und parallel das Verpflegungsangebot verbessert werden.

Literaturverzeichnis

Aghamanoukjan, A.; Buber, R. & Meyer, M. (2009): Qualitative Interviews. In: R. Buber und H. H. Holzmüller (Hg.): Qualitative Marktforschung. Konzepte – Methoden – Analysen. 2., überarbeitete Auflage. Wiesbaden: Gabler Verlag / GWV Fachverlage GmbH Wiesbaden (Lehrbuch), S. 415–436.

aid-Infodienst Verbraucherschutz, Ernährung, Landwirtschaft e. V. (Hg.) (2007): Planung kleiner Küchen in Schulen, Kitas und Heimen. Bonn: Aid (AID-Special, 3904).

aid-Infodienst Verbraucherschutz, Ernährung, Landwirtschaft e. V. (Hg.) (2011): Verpflegungssysteme in der Gemeinschaftsverpflegung. AID-Infodienst. Bonn: AID-Infodienst Ernährung Landwirtschaft Verbraucherschutz (Aid, 3902).

aid-Infodienst Verbraucherschutz, Ernährung, Landwirtschaft e. V. (2014): Vollwertige Schulverpflegung. Bewirtschaftungsformen und Verpflegungssysteme. Bonn, 2014.

aid-Infodienst Verbraucherschutz, Ernährung, Landwirtschaft e. V. (2017): Die 5 Fertigungsstufen von Convenience-Produkten. Online verfügbar unter https://www.aid.de/inhalt/die-5-fertigungsstufen-von-convenience-produkten-2505.html, zuletzt geprüft am 07.04.2017.

Bausch, K. (2010): Essen und Trinken in Schulen. 2., überarb. Aufl. Bonn: Aid (3839).

BIBB – Bundesinstitut für Berufsbildung (2008): Berufsfeld-Definition des BIBB auf Basis der Klassifikation der Berufe 1992. Zweite Fassung. Bonn, 2008 (Heft 105).

BIBB – Bundesinstitut für Berufsbildung (2013): Berufliche Bildung für eine nachhaltige Entwicklung. Infoblatt der sechs Modellversuche im Förderschwerpunkt. Bonn, 2013.

BIBB – Bundesinstitut für Berufsbildung (2015): (Vollzeit-)Schulische Ausbildungsgänge mit einem beruflichen Abschluss gemäß und außerhalb BBiG/HwO. Vertiefende Analysen der Entwickllungen in Deutschland. Heft 159. Bonn, 2015.

BIBB – Bundesinstitut für Berufsbildung (2017): Datenreport zum Berufsbildungsbericht 2017. Informationen und Analysen zur Entwicklung der beruflichen Bildung. Bonn, 2017.

Biesalski, H.-K. (2010): Ernährung und Evolution. In: H.-K. Biesalski und M. Adolph (Hg.): Ernährungsmedizin. Nach dem neuen Curriculum Ernährungsmedizin der Bundesärztekammer ; 276 Tabellen. 4., vollst. überarb. und erw. Aufl. Stuttgart: Thieme, S. 4–19.

BMBF – Bundesministerium für Bildung und Forschung (2002): Bericht der Bundesregierung zur Bildung für eine nachhaltige Entwickung. Bonn, 2002. Online verfügbar unter http://www.globaleslernen.de/sites/default/files/files/link-elements/bundesregierung_20zur_20bildung_20f_c3_bcr_20eine_20nachhaltige_20entwicklung_2c_202002.pdf, zuletzt geprüft am 15.07.2017.

J. K. Hergemöller, *Nachhaltige Schulverpflegung an Berufskollegs*,
Forschungsreihe der FH Münster, https://doi.org/10.1007/978-3-658-22490-5

Bohnsack, R. (2010): Rekonstruktive Sozialforschung. Einführung in qualitative Methoden. 8., durchges. Aufl. Opladen: Budrich (UTB Erziehungswissenschaft, Sozialwissenschaft, 8242). Online verfügbar unter http://www.utb-studi-e-book.de/9783838582429.

Brundtland, G. H. (1987): Report of the Worl Commission on Environment and Development: Our Common Future. Oslo, 1987.

DER Touristik GmbH (2017): Nachhaltigkeit. Online verfügbar unter http://www.dertouristik.com/de/nachhaltigkeit/, zuletzt geprüft am 12.04.2017.

DGE – Deutsche Gesellschaft für Ernährung e.V. (2016): Snacks an weiterführenden Schulen. 1. Auflage. Bonn, 2016.

DGE – Deutsche Gesellschaft für Ernährung e.V. (Hg.) (2015): DGE-Qualitätsstandard für die Schulverpflegung. 4. Auflage, 2. korrigierter Nachdruck. Bonn.

Duden (2017): Bistro. Bedeutungsübersicht/Herkunft. Online verfügbar unter http://www.duden.de/rechtschreibung/Bistro, zuletzt geprüft am 05.06.2017.

Engst, J. (2011): Duden, Protokolle, Berichte, Memos verfassen. Mannheim: Dudenverl. (Praxis kompakt).

Fenner, A. & Wehmöller, Dörte (2012): Wegweiser Schulverpflegung – Essen in Schule und Kita. 2., veränd. Neuaufl. Bonn: aid infodienst Ernährung Landwirtschaft Verbraucherschutz (Aid, 1587).

Flick, U. (2016): Qualitative Sozialforschung. Eine Einführung. Originalausgabe, vollständig überarbeitete und erweiterte Neuausgabe, 7. Auflage. Reinbek bei Hamburg: Rowohlt Taschenbuch Verlag (Rororo Rowohlts Enzyklopädie, 55694).

Forschungsinstitut für Kinderernährung e. V. (2017): Optimierte Mischkost. Dortmund. Online verfügbar unter http://www.fke-do.de/index.php?module=page_navigation &index%5Bpage_navigation%5D%5Baction%5D=details&index%5Bpage_navigation% 5D%5Bdata%5D%5Bpage_navigation_id%5D=63, zuletzt geprüft am 12.04.2017.

Friese, M. (2010): Didaktisch-curriculare Aspekte für Fachrichtungen und Fachrichtungsbereiche personenbezogener Dienstleistungsberufe. In: J.-P. Pahl und V. Herkner (Hg.): Handbuch Berufliche Fachrichtungen. Bielefeld: W. Bertelsmann Verlag, S. 314–319.

Greenpeace e. V. (2008): Footprint. Der ökologische Fußabdruck Deutschlands, 2008. Online verfügbar unter www.footprint.at/fileadmin/zf/dokumente/Footprint_Deutschland_2008__2_.pdf, zuletzt geprüft am 02.04.2017.

Hauff, M. v. & Kleine, Alexandro (2009): Nachhaltige Entwicklung. Grundlagen und Umsetzung. München: De Gruyter.

Hauff, V. (1987): Unsere gemeinsame Zukunft. Der Brundtland-Bericht der Weltkommission für Umwelt und Entwicklung. Greven: Eggenkamp Verlag.

Hauff, M. von & Kleine, A. (2007): Das Integrierende Nachhaltigkeits-Dreieck. In: H. Diefenbach, V. Teichert und S. Wilhelmy (Hg.): Leitbild Nachhaltigkeit. Eine normativfunktionale Konzeption und ihre Umsetzung. Wiesbaden: VS Verlag für Sozialwissenschaften | GWV Fachverlage GmbH Wiesbaden (Band 5. Indikatoren und Nachhaltigkeit), S. 33–34.

Henkel AG & Co. KGaA (2017): Nachhaltigkeit. Online verfügbar unter http://www.henkel.de/nachhaltigkeit, zuletzt geprüft am 14.04.2017.

Höld, R. (2009): Zur Transkription von Audiodaten. In: R. Buber und H. H. Holzmüller (Hg.): Qualitative Marktforschung. Konzepte – Methoden – Analysen. 2., überarbeitete Auflage. Wiesbaden: Gabler Verlag / GWV Fachverlage GmbH Wiesbaden (Lehrbuch), S. 655–668.

Hotelier (2017): Lexikon. Bistro. Buxtehude. Online verfügbar unter http://www.hotelier.de/lexikon/b/bistro-restaurant, zuletzt geprüft am 05.06.2017.

Innocent Alps GmbH (2017): Nachhaltigkeit. Online verfügbar unter http://www.innocentdrinks.de/ueber-uns/nachhaltigkeit, zuletzt geprüft am 12.04.2017.

Joosten, B. (o. J.): Kiosk, Cafeteria, Café, Bistro, Snackbar, o. J. Online verfügbar unter www.bug-nrw.de/cms/upload/pdf/kiosk.pdf, zuletzt geprüft am 29.06.2017.

Kettschau, I. (2013): Berufsfeld Ernährung und Hauswirtschaft: Heterogenität als Merkmal – Gemeinsamkeit als Chance. In: *Haushalt in Bildung und Forschung*, 2013 (Heft 1/2013), S. 3–15.

Kettschau, I.; Mattausch, N. & Innemann, H. (2014): Arbeitsprozesse in der Gemeinschaftsverpflegung. In: Irmhild Kettschau und Nancy Mattausch (Hg.): Nachhaltigkeit im Berufsfeld Ernährung und Hauswirtschaft am Beispiel der Gemeinschaftsverpflegung. Arbeitsprozesse, Qualifikationsanforderungen und Anregungen zur Umsetzung in Unterricht und Ausbildung. Hamburg: Büchner Handwerk und Technik, S. 38–72.

KMK – Kultusministerkonferenz (2017): Rahmenlehrpläne und Ausbildungsordnungen. Online verfügbar unter https://www.kmk.org/themen/berufliche-schulen/duale-berufsausbildung/rahmenlehrplaene-und-ausbildungsordnungen.html, zuletzt geprüft am 15.07.2017.

Koletzko, B. (2010): Ernährung vom Säuglings- bis zum Jugendalter. In: H.-K. Biesalski und M. Adolph (Hg.): Ernährungsmedizin. Nach dem neuen Curriculum Ernährungsmedizin der Bundesärztekammer ; 276 Tabellen. 4., vollst. überarb. und erw. Aufl. Stuttgart: Thieme, S. 333–346.

Konferenz der Vereinten Nationen für Umwelt und Entwicklung (1992): AGENDA 21. Rio de Janeiro, 1992. Online verfügbar unter http://www.un.org/depts/german/conf/agenda21/agenda_21.pdf, zuletzt geprüft am 21.04.2017.

Kuttenkeuler, M. & Strassner, C. (2012): Fragebogen zur Erhebung der Verpflegungssituation an den weiterführenden Schulen in der Stadt Münster. Eingesetzt im Rahmen der Untersuchung zur Verpflegung an weiterführenden Schulen in Münster 2012 (unveröffentlicht), 2012.

Leitzmann, C. (2010): Alternative Kostformen. In: H.-K. Biesalski und M. Adolph (Hg.): Ernährungsmedizin. Nach dem neuen Curriculum Ernährungsmedizin der Bundesärztekammer ; 276 Tabellen. 4., vollst. überarb. und erw. Aufl. Stuttgart: Thieme, S. 1079–1088.

Lülfs, F. & Lüth, M. (2006): Ernährungswende außer Haus. Ernährungsalltag in Schulen. Eine theoretische und empirische Analyse der Rahmenbedingungen für die Mittagsverpflegung in Ganztagsschulen. Materialienband 7. Heidelberg, 2006.

Mayring, P. (2002): Einführung in die qualitative Sozialforschung. 5. Auflage. Weinheim, Basel.

Mayring, P. (2003): Qualitative Inhaltsanalyse. 8. Auflage. Weinheim, Basel.

Ministerium für Schule und Weiterbildung des Landes Nordrhein-Westfalen (2016): NRW: Immer mehr Schülerinnen und Schüler im Ganztag. Online verfügbar unter https://www.ganztagsschulen.org/de/11690.php, zuletzt geprüft am 20.07.2017.

Ministerium für Schule und Weiterbildung des Landes Nordrhein-Westfalen (2016): Schulgesetz für das Land Nordrhein-Westfalen. Schulgesetz NRW – SchulG. Online verfügbar unter https://www.schulministerium.nrw.de/docs/Recht/Schulrecht/Schulgesetz/Schulgesetz.pdf, zuletzt geprüft am 31.03.2017.

Ministerium für Schule und Weiterbildung (2010): Runderlass "Gebundene und offene Ganztagsschulen sowie außerunterrichtliche Ganztags- und Betreuungsangebote in Primarbereich und Sekundarstufe I" ((BASS 12 – 63 Nr. 2)).

Ministerium für Schule und Weiterbildung (2016): Verordnung über die Ausbildung und Prüfung in den Bildungsgängen des Berufskollegs. APO-BK (13-33 Nr. 1.1). In: Ministerium für Schule und Weiterbildung (Hg.): Bereinigte Amtliche Sammlung der Schulvorschriften NRW (BASS). Erftstadt: Rittbach Verlag, 13–33, zuletzt geprüft am 05.04.2017.

Oepping, A. & Schlegel-Matthies, Kirsten (2013): Revis – Ernährungs- und Verbraucherbildung im Unterricht. 4. Auflage. Bonn: aid infodienst Ernährung, Landwirtschaft, Verbraucherschutz (Aid, 3925/2013).

Porst, R. (2014): Fragebogen. Ein Arbeitsbuch. 4., erweiterte Auflage. Wiesbaden: Springer VS.

Presse- und Informationsamt der Bundesregierung (2017): Themen. Nachhalitgkeitspolitik. Die Deutsche Nachhaltigkeitsstrategie. Berlin. Online verfügbar unter https://www.bundesregierung.de/Webs/Breg/DE/Themen/Nachhaltigkeitsstrategie/1-die-deutsche-nachhaltigkeitsstrategie/nachhaltigkeitsstrategie/_node.html, zuletzt geprüft am 21.04.2017.

REWE Markt GmbH (2017): Nachhaltigkeit bei REWE. Projektwochen. Nachhaltigkeitswochen. Online verfügbar unter https://nachhaltig.rewe.de/projekte/nachhaltigkeitswochen/?ecid=sea_google_image-nach haltigkeit_nachhaltigkeit_text-ad_nn_nn_nn_nn&gclid=CPWJuefLpNMCFegK0wod GG4MyQ, zuletzt geprüft am 14.04.2017.

Roehl, R. & Strassner, C. (2012): Inhalte und Umsetzung einer nachhaltigen Verpflegung. Münster (Schriftreihe des Projekts Nachhaltigkeitsorientiertes Rahmencurriculum für die Ernährungs- und Hauswirtschaftsberufe), 2012 (Band 1).

Roehl, R. & Strassner, C. (2010): Buddhistische Eskimos im Kommen. In: *gv-praxis spezial: Nachhaltig Bauen & Investieren, Beschaffen & Betrieben* (2/2010), S. 10–13.

Schlegel-Matthies, K. (2013): REVIS Bericht. Anhang 4, 2013. Online verfügbar unter www.evb-online.de/docs/REVIS-Bericht_Anhang4.pdf, zuletzt geprüft am 17.07.2017.

Schmid, J. & Klenk, J. (2017): Gabler Wirtschaftslexikon. Berufsfeld. Online verfügbar unter http://wirtschaftslexikon.gabler.de/Archiv/57760/berufsfeld-v7.html, zuletzt geprüft am 18.07.2017.

Schröder, T. & Schönberger, G. (2016): Jugendliches Ernährungsverhalten – eine Einführung. In: Dr. Rainer Wild-Stiftung (Hg.): Jugend und Ernährung. Zwischen Fremd- und Selbstbestimmung. 1. Auflage. Heidelberg: Dr. Rainer Wild-Stiftung, S. 1–17.

Simpfendörfer, D.; Mattausch, N. & Kettschau, I. (2014): Praxisteil – Anregung für Lehrkräfte und Auszubildende. In: Irmhild Kettschau und Nancy Mattausch (Hg.): Nachhaltigkeit im Berufsfeld Ernährung und Hauswirtschaft am Beispiel der Gemeinschaftsverpflegung. Arbeitsprozesse, Qualifikationsanforderungen und Anregungen zur Umsetzung in Unterricht und Ausbildung. Hamburg: Büchner Handwerk und Technik, S. 74–142.

Spindler, E. A. (o. J.): Geschichte der Nachhaltigkeit. Vom Werden und Wirken eines beliebten Begriffes. Hamm, o. J. Online verfügbar unter https://www.nachhaltigkeit.info/media/1326279587phpeJPyvC.pdf?sid=j4ne78p6meirdjl vah7uehqs67, zuletzt geprüft am 22.07.2017.

Strassner, C. (2013): Nachhaltige Schulverpflegung – Vision oder machbar? These 4 zur nachhaltigen Schulverpflegung. Fachhochschule Münster. Fachtagung: Was ist uns das Essen in der Schule wert? Münster, 2013.

Strauss, A. & Corbin, Juliet (2010): Grounded theory. Grundlagen qualitativer Sozialforschung. Unveränd. Nachdr. der letzten Aufl. Weinheim: Beltz.

Tiemann, M. & Helmrich, R.: Die 54 Berufsfelder des BIBB. Grundlage für wissenschaftliche Analyse von Berufswandel und Berufswechsel, In: BWP 4/2010, S. 36–37.

Wabitsch, M. (2010): Übergewicht bei Kindern und Jugendlichen. In: H.-K. Biesalski und M. Adolph (Hg.): Ernährungsmedizin. Nach dem neuen Curriculum Ernährungsmedizin der Bundesärztekammer ; 276 Tabellen. 4., vollst. überarb. und erw. Aufl. Stuttgart: Thieme, S. 390–404.

Wehmöller, D. (2011): Schule isst gesund. Schritt für Schritt zu einer optimalen Mittagsverpflegung. Stand: Februar 2011. Düsseldorf: Verbraucherzentrale Nordrhein-Westfalen e.V., Vernetzungsstelle Schulverpflegung NRW.

7 Anhang

J. K. Hergemöller, *Nachhaltige Schulverpflegung an Berufskollegs*,
Forschungsreihe der FH Münster, https://doi.org/10.1007/978-3-658-22490-5

Anhang 1

Tabelle 12a-h: Zuordnung von Handlungsfeldern zu Feldern des IND und den Prozessschritten der Schulverpflegung

12a: Prozessschritt Speisenplanung

Prozessschritt	**Tätigkeit**	**Handlungsfelder** (nach Kettschau et al. 2014, S. 41)	**Feld im integrierenden Dreieck** (nach Hauff & Kleine 2009, S. 125)
Speisenplanung	Verpflegungssystem festlegen	Abfallmenge	ökonomisch-ökologisch
	Speisenplan erstellen	Attraktivität des Speisenangebots	sozial-ökonomisch
		Ernährungsphysiologie der Speisen	stark sozial
		Fleischanteil am Gesamtlebensmitteleinsatz	sozial-ökologisch
		Beschaffungsquote für regionale & saisonale Lebensmittel	vorwiegend ökologisch
		Zubereitungstechniken	sozial-ökologisch-ökonomisch
		Wasserverbrauch	ökonomisch-ökologisch
		Energieverbrauch	ökonomisch-ökologisch
	Rahmenbedingungen beachten	Anteil regenerativer Energie am Gesamtenergieeinsatz	stark ökologisch
		Subventionen	stark ökonomisch
		Verankerung von Nachhaltigkeit im Leitbild	vorwiegend ökonomisch
		Prozessqualität	stark ökonomisch
		Umsatz	stark ökonomisch

(Quelle: eigene Darstellung)

12b: Prozessschritt Lebensmittelbeschaffung

Prozessschritt	**Tätigkeit**	**Handlungsfelder** (nach Kettschau et al. 2014, S. 41)	**Feld im integrierenden Dreieck** (nach Hauff & Kleine 2009, S. 125)
Lebensmittelbeschaffung	Transparenz der Lebensmittelbeschaffung	Lebensmittelverwertungsquote	sozial-ökonomisch-ökologisch
	Transparenz der Lebensmittelbeschaffung	Ernährungsphysiologie der Speisen	stark sozial
		Anteil biologischer Lebensmittel	vorwiegend ökologisch
		Beschaffungsquote für regionale & saisonale Lebensmittel	vorwiegend ökologisch
		Lebensmittelzusatzstoffe im Speisenangebot	vorwiegend sozial

Pro-zess-schritt	Tätigkeit	Handlungsfelder (nach Kettschau et al. 2014, S. 41)	Feld im integrierenden Dreieck (nach Hauff & Kleine 2009, S. 125)
		Anteil fair gehandelter Produkte	sozial-ökonomisch
		Anteil gentechnisch veränderter Lebensmittel	sozial-ökologisch
		Tierische Produkte aus artgerechter Tierhaltung	sozial-ökologisch
		Anteil nachhaltiger Fisch	sozial-ökologisch
		Verarbeitungsgrad der Lebensmittel	sozial-ökonomisch
		Abfallmenge	ökonomisch-ökologisch
	Transparenz der Lebensmittelbeschaffung	Langfristigkeit von Lieferantenverträgen	vorwiegend sozial
		Regionale Wertschöpfungskette	vorwiegend ökonomisch

(Quelle: eigene Darstellung)

12c: Prozessschritt Lagerhaltung

Pro-zess-schritt	Tätigkeit	Handlungsfelder (nach Kettschau et al. 2014, S. 41)	Feld im integrierenden Dreieck (nach Hauff & Kleine 2009, S. 125)
Lagerhaltung	Lagerverwaltung	Lebensmittelverwertungsquote	sozial-ökologisch-ökonomisch
	Warenannnahme, -entnahme, -ausgabe, -lagerung	Verarbeitungsgrad der Lebensmittel	sozial-ökonomisch
		Abfallmenge	ökonomisch-ökologisch
	Rahmenbedingungen beachten	Anteil regenerativer Energie am Gesamtenergieeinsatz	stark ökologisch
	Lagerverwaltung unter hygienischen, ökologischen und ökonomischen Aspekten	Hygienekonzept	vorwiegend sozial
		Arbeitsschutz/ Arbeitsunfälle	vorwiegend-sozial
		Energieverbrauch	ökonomisch-ökologisch

(Quelle: eigene Darstellung)

12d: Prozessschritt Vor- und Zubereitung

Prozess-schritt	Tätigkeit	Handlungsfelder (nach Kettschau et al. 2014, S. 41)	Feld im integrierenden Dreieck (nach Hauff & Kleine 2009, S. 125)
Vor- und Zubereitung	Waschen/Putzen und Schneiden von Obst und Gemüse, Parieren/ Filetieren und Garen von Fleisch und Fisch, Garen der Beilagen, Zubereitung von Dressings, Saucen und Fonds, Kalte Speisen wie Desserts, Gebäck backen	Lebensmittelverwertungsquote	sozial-ökologisch-ökonomisch
		Zubereitungstechniken	sozial-ökologisch-ökonomisch
		Ernährungsphysiologie der Speisen	stark sozial
		Abfallmenge	ökonomisch-ökologisch
	Arbeitsschritte nach ökologischen, ökonomischen und ergonomischen Aspekten planen und durchführen	Arbeitsschutz/ Arbeitsunfälle	vorwiegend-sozial
		Wasserverbrauch	ökonomisch-ökologisch
		Energieverbrauch	ökonomisch-ökologisch
		Energieeffiziente Küchenausstattung	ökonomisch-ökologisch
		Hygienekonzept	vorwiegend sozial
		Ergonomie	sozial-ökonomisch

(Quelle: eigene Darstellung)

12e: Prozessschritt Bereitstellung und Ausgabe

Prozess-schritt	Tätigkeit	Handlungsfelder (nach Kettschau et al. 2014, S. 41)	Feld im integrierenden Dreieck (nach Hauff & Kleine 2009, S. 125)
Bereitstellung und Ausgabe	Ausgabesystem wählen	Lebensmittelverwertungsquote	sozial-ökologisch-ökonomisch
		Abfallmenge	ökonomisch-ökologisch
	Speisen anrichten und dekorieren	Attraktivität des Speisenangebots	sozial-ökonomisch
	Speisenraum gestalten	Atmosphäre am Verzehrsort	sozial-ökonomisch
		Raumausstattung	vorwiegend sozial
	Speisen während der Ausgabe warm halten oder kühlen	Energieverbrauch	ökonomisch-ökologisch
		Energieeffiziente Küchenausstattung	ökonomisch-ökologisch
	Rahmenbedingungen beachten	Anteil regenerativer Energie am Gesamtenergieeinsatz	stark ökologisch
		Umsatz	stark ökonomisch
		Prozessqualität	stark ökonomisch

Prozessschritt	Tätigkeit	Handlungsfelder (nach Kettschau et al. 2014, S. 41)	Feld im integrierenden Dreieck (nach Hauff & Kleine 2009, S. 125)
	Arbeitsschritte nach ökologischen, ökonomischen und ergonomischen Aspekten planen und durchführen	Hygienekonzept	vorwiegend sozial
		Ergonomie	sozial-ökonomisch
	Angebotskarte	Verankerung von Nachhaltigkeit im Leitbild	vorwiegend ökonomisch
	Hinweise über Allergene, Lebensmittelzusatzstoffe	Kundenkommunikation	vorwiegend sozial

(Quelle: eigene Darstellung)

12f: Prozessschritt Verzehr

Prozessschritt	Tätigkeit	Handlungsfelder (nach Kettschau et al. 2014, S. 41)	Feld im integrierenden Dreieck (nach Hauff & Kleine 2009, S. 125)
Verzehr	Positive, angenehme und ruhige Atmosphäre schaffen	Atmosphäre am Verzehrsort	sozial-ökonomisch

(Quelle: eigene Darstellung)

12g: Prozessschritt Abfallmanagement

Prozessschritt	Tätigkeit	Handlungsfelder (nach Kettschau et al. 2014, S. 41)	Feld im integrierenden Dreieck (nach Hauff & Kleine 2009, S. 125)
Abfallmanagement	Abfalltrennung, -entsorgung	Abfallmenge	ökonomisch-ökologisch
		Recyclingquote	ökonomisch-ökologisch
	Entsorgung kritischer Stoffe wie Reinigungs- und Desinfektionsmittel	Arbeitsschutz/ Arbeitsunfälle	vorwiegend-sozial
	hygienisches Arbeiten	Hygienekonzept	vorwiegend sozial

(Quelle: eigene Darstellung)

12h: Prozessschritt Reinigung und Pflege

Pro-zess-schritt	Tätigkeit	**Handlungsfelder** (nach Kettschau et al. 2014, S. 41)	**Feld im integrierenden Dreieck** (nach Hauff & Kleine 2009, S. 125)
Reinigung und Pflege	Hygienische Entfernung von Schmutz und Pflege zum Werterhalt unter ökologischen, ökonomisch und ergonomischen Aspekten und eines HACCP-Konzepts	Arbeitsschutz/ Arbeitsunfälle	vorwiegend-sozial
		Hygienekonzept	vorwiegend sozial
		Reinigungsmittel/ -techniken	vorwiegend ökologisch

(Quelle: eigene Darstellung)

Anhang 2

Tabelle 13: Verknüpfung von Schlüsselbegriffen der Rahmenlehrpläne und der Handlungsfelder

Schlüsselbegriffe der Rahmenlehrpläne I-IV	Handlungsfelder
ausgewogenes Verhältnis von Nahrungsinhaltsstoffen und Energiewert; gesunde Ernährung; ernährungsphysiologische Aspekte	Zubereitungstechniken
	Ernährungsphysiologie der Speisen
	Lebensmittelzusatzstoffe im Speisenangebot
	Fleischanteil am Gesamtlebensmitteleinsatz
	Verarbeitungsgrad der Lebensmittel
Berechnungen zur Ausbeute und Verlust; Putz- und Garverluste	Abfallmenge
	Lebensmittelverwertungsquote
Beschaffenheit	Verarbeitungsgrad der Lebensmittel
Betriebswirtschaftliche Bedeutung	Umsatz
Bezugsquellen	Langfristigkeit von Lieferantenverträgen
	Transparenz der Lebensmittelbeschaffung
	regionale Wertschöpfungsketten
Einsatz von Convenience-Produkten	Verarbeitungsgrad der Lebensmittel
Ergonomische Aspekte	Ergonomie
	Arbeitsschutz/ Arbeitsunfälle
Ertragssteigerung	Umsatz
gesundheitliche Bedeutung einer sachgerechten Lagerung	Hygienekonzept
Gesundheitsverträglichkeit von Reinigungs- und Pflegemitteln	Reinigungsmittel/ -techniken
	Arbeitsschutz/ Arbeitsunfälle
Hygienemaßnahmen; hygienisches Verhal-	Reinigungsmittel/ -techniken

Schlüsselbegriffe der Rahmenlehrpläne I-IV	Handlungsfelder
ten	Hygienekonzept
Konservierungsmethoden; Fischhaltung	Hygienekonzept
	Lebensmittelverwertungsquote
	Abfallmenge
Kriterien der Qualitätssicherung	Prozessqualität
Kundenerwartungen; Zielgruppe berücksichtigen; Anlass entsprechend; Ernährungsgewohnheiten und -wünsche	Attraktivität des Speisenangebots
Maßnahmen zur Krankheits- und Unfallverhütung	Hygienekonzept
	Ergonomie
	Arbeitsschutz/ Arbeitsunfälle
Menüs und Büfetts zusammenstellen	Anteil biologischer Lebensmittel
	Beschaffungsquote für regionale & saisonale Lebensmittel
Nachhaltigkeit	alle Felder des Nachhaltigkeitsdreiecks
ökologisch geplante Arbeitsschritte	Wasserverbrauch
	Energieverbrauch
	Abfallmenge
ökologische Aspekte	Fleischanteil am Gesamtlebensmitteleinsatz
	tierische Produkte aus artgerechter Tierhaltung
	Anteil gentechnisch veränderter Lebensmittel
	Anteil nachhaltiger Fisch
	Wasserverbrauch
	Energieverbrauch
	Abfallmenge
	Lebensmittelverwertungsquote
	Zubereitungstechniken
ökologische Bedeutung einer sachgerechten Lagerung	Energieverbrauch
	Abfallmenge
	Lebensmittelverwertungsquote
ökonomisch geplante Arbeitsschritte	Wasserverbrauch
	Energieverbrauch
	Abfallmenge
	Verarbeitungsgrad der Lebensmittel
ökonomische Aspekte	Ergonomie
	Verarbeitungsgrad der Lebensmittel
	Attraktivität des Speisenangebots
	Atmosphäre am Verzehrsort
	Anteil fair gehandelter Produkte
	Umsatz
ökonomische Bedeutung einer sachgerechten Lagerung	Energieverbrauch
	Abfallmenge

Schlüsselbegriffe der Rahmenlehrpläne I-IV	Handlungsfelder
	Lebensmittelverwertungsquote
optische Aspekte	Attraktivität des Speisenangebots
Präsentation; Dekoration	Attraktivität des Speisenangebots
qualitative Aspekte	Prozessqualität
regionale & saisonale Aspekte	Beschaffungsquote für regionale & saisonale Lebensmittel
Reinigen und Pflegen	Reinigungsmittel/ -techniken
	Ergonomie
	Arbeitsschutz/ Arbeitsunfälle
sensorische Aspekte	Lebensmittelzusatzstoffe im Speisenangebot
	Verarbeitungsgrad der Lebensmittel
	Beschaffungsquote für regionale & saisonale Lebensmittel
umweltschonendes Verhalten	Wasserverbrauch
	Energieverbrauch
	Reinigungsmittel/ -techniken
Verkaufsförderung	Umsatz
Wahl des Verpflegungsangebots	Abfallmenge
	Attraktivität des Speisenangebots
	Umsatz
	Zubereitungstechniken
Warenbedarf ermitteln	Abfallmenge
	Lebensmittelverwertungsquote
Wirtschaftlichkeit	Wasserverbrauch
	Energieverbrauch
	Abfallmenge
	Recyclingquote
	Verarbeitungsgrad der Lebensmittel
	Anteil fair gehandelter Produkte
Zusammenhang zwischen Arbeitsorganisation, Leistungsfähigkeit, Wohlbefinden und Gesunderhaltung	Hygienekonzept
	Ergonomie
Zusammenhang zwischen Lagerbedingungen, Mirkoorganismenwachstum und Lebensmittelqualität	Hygienekonzept
	Verarbeitungsgrad der Lebensmittel

(Quelle: eigene Darstellung)

Anhang 3

Tabelle 14: Untersuchung der Rahmenlehrpläne auf Tätigkeiten der Schulverpflegung

	I	II	III	IV	V	VI	VII
Speisen-planung	13	1.1, 3.3,	3.4, 3.5	5, 6,	1.1, 2.3, 3.1, 3.2, 3.3	1.1, 3.1, 3.4	6
Lebens-mittel-beschaffung	2	1.1		2	1.1, 2.1, 2.4, 2.5	1.1	5
Lagerhaltung	1, 6	1.3, 2.4,	1.1, 1.3, 3.2	2, 3,	1.3	1.3, 2.4	5
Vor- und Zubereitung	1, 2, 3, 4, 5, 6, 7, 8, 9, 10, 11, 12	1.1, 3.1	1.1, 1.2, 1.4, 2.3, 3.3	4, 6	1.1, 2.1-2.4, 2.5, 3.1, 3.2, 3.4	1.1	2, 3, 6
Bereitstellung und Ausgabe	1 3, 6, 8, 9, 11, 12, 13	1.1, 1.2, 2.1	1.1, 1.3, 2.1, 2.2, 2.4, 3.2, 3.3, 3.4	4, 6, 12	1.1, 1.2, 2.2, 2.3, 2.4, 3.1, 3.2, 3.4	1.1, 1.2, 2.1, 3.2	2, 4, 6, 8
Verzehr				9			
Abfall-management							1
Reinigung und Pflege	1	1.1, 1.2, 2.3	1.1	7, 8	1.1, 1.2	1.1, 1.2, 2.3	4, 7

Legende Berufe I - VII: I) Bäcker/-in **II)** Fachmann/-frau für Systemgastronomie **III)** Fachverkäufer/-in im Lebensmittelhandwerk – Schwerpunkt Bäckerei/Konditorei **IV)** Hauswirtschafter/-in **V)** Koch/Köchin **VI)** Restaurantfachmann/-frau **VII)** Staatlich geprüfte(r) Assistent/-in für Ernährung und Versorgung – Schwerpunkt Service

(Quelle: eigene Darstellung)

Anhang 4: Fragebogen zur Erhebung der Verpflegungssituation an Berufskollegs nach Kuttenkeuler & Strassner 2012

Fachhochschule Münster University of Applied Sciences

Fragebogen zur Erhebung der Verpflegungssituation Berufskollegs

Name der Schule:____

Befragte Person (Position):__________________________________

I. Angaben zur Schule

1 Welcher Schulform gehört Ihre Schule an?

- ☐ Hauptschule
- ☐ Realschule
- ☐ Gymnasium
- ☐ Gesamtschule
- ☐ Sonstige: ____

2 Wer ist der Schulträger?

- ☐ Stadt Münster
- ☐ Bistum Münster
- ☐ Sonstige:____

3 Ist Ihre Schule eine Ganztagsschule?

- ☐ Ja, voll gebundene Form des Ganztags seit: _____________
- ☐ Ja, teilweise gebundene Form des Ganztags seit: __________
- ☐ Ja, offene Form des Ganztags seit: ___________________
- ☐ Nein, Nichtganztagsschule mit Nachmittagsunterricht oder Betreuungsangebot
- ☐ Nein

4 Wie viele Schüler/innen besuchen derzeit die Schule?

_________________ Schüler/innen besuchen derzeit die Schule

II. Angaben zur Verpflegungssituation

5 Welche Verpflegungsmöglichkeiten gibt es an Ihrer Schule? *(Mehrfachnennungen möglich)*

- ☐ Mensa: warmes Mittagessen
- ☐ Automaten
- ☐ Schulkiosk
- ☐ Cafeteria/Bistro: Kleine Gerichte/Snacks
- ☐ Es gibt kein Verpflegungsangebot
- ☐ Sonstige:__________ ____________________________________

Zusatzinfos:

Fachhochschule Münster Fachbereich Oecotrophologie Prof. Dr. Carola Strassner

Fachhochschule Münster University of Applied Sciences

6	**Wer ist in Ihrer Schule für die Schulverpflegung zuständig?** *(Mehrfachnennungen möglich)* ☐ Schulleitung ☐ Lehrkräfte ☐ Mensaverein ☐ Eltern ☐ Hausmeister ☐ Caterer ☐ Sonstige:____________________
7	**Falls an Ihrer Schule mehrere Personen für die Schulverpflegung zuständig sind, beschreiben Sie die jeweiligen Aufgabenbereiche** *(falls nicht, bitte weiter zu Frage 8)* **Zuständiger 1:**____________________ **Aufgaben Z1:**____________________ **Zuständiger 2:**____________________ **Aufgaben Z2:**____________________ **Zuständiger 3:**____________________ **Aufgaben Z3:**____________________
8	**a) Gibt es an Ihrer Schule eine Mensa, in der ein warmes Mittagessen angeboten wird?** ☐ Ja ☐ Zurzeit gibt es eine provisorische Mensa, Neubau befindet sich in Planung ☐ Nein (→ *Bitte beantworten Sie auch Frage 8b)* ☐ Sonstige: **b) t eine Mensa geplant?** ☐ Ja, für__________(Jahresangabe) ☐ Nein
9	**Für wie viele Essensteilnehmer (=ETN) ist Ihre Mensa konzipiert?** **a) Zur Zeit:** ☐ < 50 ☐ 51–100 ☐ 101-150 ☐ 151- 200 ☐ > 200, Anzahl ETN: ________ **b) i lanung:** ☐ < 50 ☐ 51-100 ☐ 101-150 ☐ 151-200 ☐ > 200, Anzahl ETN: ________
10	**Gibt es an Ihrer Schule einen Mensaausschuss /Arbeitskreis/ Qualitätszirkel?** ☐ Nein → *(Bitte weiter zu Frage 13)* ☐ Ja, es gibt einen ____________________ (Bitte geben Sie die an Ihrer Schule verwendete Bezeichnung an)

Fachhochschule Münster **Fachbereich Oecotrophologie** **Prof. Dr. Carola Strassner**

Fachhochschule Münster University of Applied Sciences

11	**Wie ist dieser Ausschuss/Kreis zusammengesetzt:** (Mehrfachnennungen möglich) ☐ Schüler/innen ☐ Lehrkräfte ☐ Eltern ☐ Betreuer/innen ☐ Caterer ☐ Schulträger ☐ Sonstige____________________
12	**Wie häufig trifft sich dieser Ausschuss/Kreis im Schuljahr?** ____________________
13	**Sind an Ihrer Schule die Qualitätsstandards der Deutschen Gesellschaft für Ernährung (DGE) für die Schulverpflegung bekannt?** ☐ Ja ☐ Nein
	III. Angaben zur Mittagsverpflegung
14	**Wie lang ist die Mittagspause für die Schüler?** ☐ 31-45 Minuten ☐ 46-60 Minuten ☐ länger als 60 Minuten
15	**In welcher Zeitspanne wird das Mittagessen ausgegeben?** *(Bitte Uhrzeit angeben)* von:________ Uhr bis:________ Uhr
16	**Wie viele Mittagessen werden durchschnittlich pro Tag ausgegeben?** ____________________
17	**Nehmen Lehrer/innen regelmäßig am Mittagessen teil?** ☐ Alle Lehrer/innen nehmen am Mittagessen teil ☐ Mehr als die Hälfte des Lehrerkollegiums nimmt am Mittagessen teil. ☐ Ca. ¼ des Lehrerkollegium nimmt am Mittagessen teil ☐ Es nehmen nur einzelne Lehrer/innen am Mittagessen teil ☐ Ist mir nicht bekannt
18	**Wer bewirtschaftet die Mensa?** a) Eigenbewirtschaftung *(Bitte weiter zu Frage 21)* ☐ Schulträger b) Fremdbewirtschaftung *(Bitte beantworten Sie auch Frage 19 und 20)* ☐ Pächter ☐ Caterer Name des Caterers:________________ ☐ Mensaverein ☐ Schülerfirma ☐ Elterninitiative/-verein ☐ Förderverein ☐ Sonstige: ____________________

Fachhochschule Münster **Fachbereich Oecotrophologie** **Prof. Dr. Carola Strassner**

Fachhochschule Münster University of Applied Sciences

19	**Fremdbewirtschaftung der Mensa: Liegt eine vertragliche Vereinbarung zwischen dem Bewirtschafter /Lieferanten und dem Schulträger vor?** ☐ Ja ☐ Nein ☐ Ist mir nicht bekannt
20	**Fremdbewirtschaftung der Mensa: Welche Dienstleistungen übernimmt der externe Partner** (Mehrfachnennungen möglich) ☐ Externer Partner kocht in der Schule und stellt das Personal für die Zubereitung und Ausgabe ☐ Externer Partner liefert nur das Essen, ☐ Externer Partner liefert das Essen und stellt das Personal für Aufbereitung und Ausgabe ☐ Sonstiges: ____
21	**Welches Küchensystem benutzt Ihre Schule für die Zubereitung des Mittagessens?** ☐ Verteilerküche: Warmes Essen wird aus einer externen Küche angeliefert und in der Schulküche nur ausgegeben (Cook & Hold) ☐ Aufbereitungsküche: Tiefkühlkost bzw. Kühlkost wird geliefert und in der Schulküche aufbereitet und ausgegeben (Cook & Freeze, Cook & Chill, Sous Vide) ☐ Zubereitungsküche: die Speisen werden in der Schulküche zubereitet ☐ (Cook & Serve) ☐ Sonstige:________________________________
22	**Wie wird das Mittagessen ausgegeben?** ☐ Tischgemeinschaft ☐ Linienausgabe (Speisen werden über eine Ausgabentheke ausgegeben) ☐ Free-Flow-System (Speisenausgabe verteilt sich auf mehrerer Einzeltheken)
23	**Kann der Verpflegungsteilnehmer die Portionsgröße beeinflussen?** ☐ Nein, das Menü ist vorportioniert ☐ Ja, das Servicepersonal berücksichtigt individuelle Portionswünsche ☐ Ja, der Verpflegungsteilnehmer bedient sich selbst ☐ Sonstige: ________________________________
24	**Welche Auswahl gibt es täglich beim Mittagessen?** ☐ ein Menü ☐ zwei Menüs ☐ drei Menüs ☐ mehr als drei Menüs ☐ freie Komponentenwahl ☐ Salat(buffet)
25	**Welche Bestandteile enthält ein Menü?** (Mehrfachnennungen möglich) ☐ Hauptgericht ☐ zusätzlich Suppe ☐ zusätzlich Salat ☐ zusätzlich Frischobst ☐ zusätzlich Dessert ☐ zusätzlich Trink-oder Mineralwasser

Fachhochschule Münster **Fachbereich Oecotrophologie** **Prof. Dr. Carola Strassner**

Fachhochschule Münster University of Applied Sciences

26	**Falls das Menü nur aus einem Hauptgericht besteht: Welche kostenpflichtigen Komponenten können zusätzlich ergänzt werden?** ☐ Suppe ☐ Salat ☐ Frischobst ☐ Dessert ☐ Getränk, nämlich: ________________ *(Bitte geben Sie die Getränkeart an)*
27	**Werden beim Mittagessen zertifizierte Bio-Lebensmittel eingesetzt?** ☐ Ja ☐ Nein ☐ Ist mir nicht bekannt
28	**Beabsichtigen Sie, den Anteil an zertifizierten Bio-Lebensmitteln beim Mittagessen zu erhöhen?** ☐ Ja ☐ Nein ☐ Ist mir nicht bekannt
29	**Wird ein vegetarisches Menü angeboten?** ☐ Ja, täglich ☐ Ja, an ______Verpflegungstag/en von insgesamt _______ Verpflegungstagen/Woche ☐ Ja, auf Wunsch ☐ Nein
30	**Gibt es einen Tag in der Woche, an dem nur vegetarisches Essen angeboten wird?** ☐ ja ☐ nein ☐ Ist mir nicht bekannt
31	**Wie hoch ist der durchschnittliche Verkaufspreis für ein tägliches Mittagsmenü?** **(***Bei Angebot mehrerer Menüs bitte den Durchschnittspreis ermitteln!)* a)____________ € b)separater Preis für Lehrer: _________ €
32	**Bis zu welchem Zeitpunkt muss die Bestellung für ein warmes Mittagessen spätestens erfolgen?** ________________ ________________
33	**Welches Bezahlsystem können die Essensteilnehmer nutzen?** **(***Mehrfachnennungen möglich)* ☐ Guthabenkarte (kontoungebunden: Aufladung erfolgt an Aufwerterautomaten) ☐ Geldkarte (kontogebunden: Aufladung erfolgt bei einem Bankinstitut) ☐ Essensmarken ☐ Lastschriftverfahren ☐ Bargeld ☐ Sonstige: ________________ ________________

Fachhochschule Münster **Fachbereich Oecotrophologie** **Prof. Dr. Carola Strassner**

Fachhochschule Münster University of Applied Sciences

IV. Angaben zur Zwischenverpflegung

34 Welche der folgenden Möglichkeiten zur Zwischenverpflegung gibt es an Ihrer Schule?
(Mehrfachnennungen möglich)

- ☐ Automaten
- ☐ Kiosk
- ☐ Cafeteria/Bistro
- ☐ Sonstige:____________________

35 Zu welchen Zeiten wird an Ihrer Schule Zwischenverpflegung angeboten?

____

36 Welches Lebensmittelangebot umfasst die Zwischenverpflegung?
(Mehrfachnennungen möglich)

- ☐ Belegte Brötchen
- ☐ Obst
- ☐ Salate
- ☐ Süßwaren
- ☐ Suppen/Brühe
- ☐ Tee
- ☐ Fruchtnektare & Fruchtsaftgetränke[2]
- ☐ Milchprodukte
- ☐ Sonstige:____________________
- ☐ Vollkornbrötchen[1]
- ☐ Gemüse
- ☐ Müsli
- ☐ Warme Snacks
- ☐ Kaffeegetränke
- ☐ Limo, Cola
- ☐ Fruchtsäfte[3]
- ☐ Eis

37 Gibt es im Lebensmittelangebot zur Zwischenverpflegung Produkte aus fairem Handel?

- ☐ Ja
- ☐ nein
- ☐ weiß nicht

38 Wer organisiert die Zwischenverpflegung an Ihrer Schule?
(Mehrfachnennungen möglich)

- ☐ Schule[4]
- ☐ Hausmeister
- ☐ Mensaverein
- ☐ Pächter
- ☐ Caterer
- ☐ Schülerfirma
- ☐ Elterninitiative/-verein
- ☐ Förderverein
- ☐ Sonstige Lieferanten (Altenheim , Krankenhaus, Lokale Gastwirte; Metzger etc.)

____

[1] „In den Leitsätzen für Brot und Kleingebäck des Deutschen Lebensmittelbuchs ist „Vollkorn" für diese Produktgruppe definiert: Vollkornbrot bzw. Vollkornbrötchen „...werden aus mindestens 90 % Roggen- und Weizenvollkornerzeugnissen in beliebigem Verhältnis zueinander hergestellt." DGE-Info 4/2011 Beratungspraxis http://www.dge.de/modules.php?name=News&file=print&sid=1129 (15:11.11)

[2] Fruchtgehalt </= 50 %

[3] Fruchtgehalt = 100%

[4] Hierunter fallen auch Schüler/Eltern, die den Verkauf organisieren ohne eigenen Verein /Firma gegründet zu haben.

Fachhochschule Münster Fachbereich Oecotrophologie Prof. Dr. Carola Strassner

Fachhochschule Münster University of Applied Sciences

	V. Angaben zu Optimierung und Unterstützungsbedarf
39	**Was müsste aus Ihrer Sicht an der Verpflegungssituation Ihrer Schule verbessert werden?**
40	**In welchen Bereich ergeben sich an Ihrer Schule Herausforderungen im Hinblick auf eine optimale Verpflegungssituation?** (Unterstützungsfrage zu 36) ☐ Das Essen schmeckt nicht ☐ Geringe Akzeptanz bei den Schülern ☐ Zuständigkeiten müssten klar geregelt werden ☐ Ansprechpartner müssten klar benannt werden ☐ knappe Personalausstattung in der Mensa ☐ Das Bestellsystem funktioniert nicht optimal ☐ Das Bezahlsystem funktioniert nicht optimal ☐ Konkurrenz außerschulischer Essensanbieter ☐ Das Menü ist zu teuer ☐ Ausstattung der Räume ist nicht befriedigend ☐ Organisation der Mittagspausenbetreuung ist unbefriedigend ☐ Kaum Möglichkeiten der Einflussnahme durch Schüler. Lehrer, Eltern ☐ Hygienevorschriften sind nicht bekannt ☐ Umsetzung der Hygienevorschriften ist problematisch ☐ Sonstige: ____________
41	**Was wären Ihre konkreten Wünsche für eine bessere Verpflegungssituation an Ihrer Schule?**

Vielen Dank!

Fachhochschule Münster **Fachbereich Oecotrophologie** **Prof. Dr. Carola Strassner**

Anhang 5: Leitfaden

Schule: ______________________________

Name: ______________ Alter: ______________

Position: ______________ tätig seit: ______________

Unterrichtsfächer: ______________________________

<table>
<tr><th colspan="2">Begrüßung</th></tr>
<tr><td colspan="2">❖ Vorstellung der eigenen Person und die Thematik und Fragestellung der Masterarbeit
❖ Datum und Uhrzeit des Interviews nennen
❖ Einverständniserklärung für Tonbandaufnahme des Interviewten holen
❖ Interviewten nach Rolle in der Schulverpflegung erfragen</td></tr>
<tr><th colspan="2">I) Einstieg</th></tr>
<tr><td colspan="2">1) Welche Begriffe assoziieren Sie allgemein mit „Schulverpflegung als Lernmöglichkeit“</td></tr>
<tr><th colspan="2">II) Einbindung in das Bildungsangebot</th></tr>
<tr><th colspan="2">Unterrichtliche Einbindung</th></tr>
<tr><td>2) Inwieweit wird das Thema Schulverpflegung im Unterricht des Berufsfeldes EHW thematisiert?</td><td>➢ Allgemein und schuleigen
➢ Bildungsgänge und Klassen
➢ Lernfelder</td></tr>
<tr><td>3) Inwieweit werden die SuS des Berufsfeldes EHW im Rahmen des Unterrichts in die Schulverpflegung eingebunden?

4) Inwieweit werden die SuS außerhalb des Berufsfeldes EHW im Rahmen des Unterrichts in die Schulverpflegung eingebunden?</td><td>➢ Speisenplanung
➢ Lebensmittelbeschaffung
➢ Lagerhaltung
➢ Vor- und Zubereitung
➢ Bereitstellung und Ausgabe
➢ Verzehr
➢ Abfallmanagement
➢ Reinigung und Pflege

➢ Gibt es eine regelmäßige Mitwirkung in der Schulverpflegung?
→ Täglich oder wöchentlich
→ Mittags- oder Zwischenverpflegung
→ Bildungsgänge und Klassen
→ Anzahl der SuS
→ Zufälligkeit/Planung
➢ Gibt es eine aktionsmäßige/ projektorientierte Mitwirkung in der Schulverpflegung?
→ Beispiele
→ Zeitraum
→ Bildungsgänge und Klassen
→ Anzahl der SuS
→ Zufälligkeit oder Planung</td></tr>
</table>

<table>
<tr><td>5) Welche räumlichen Möglichkeiten sind gegeben, damit die SuS an der Schulverpflegung mitwirken können?</td><td>➢ Gibt es eine eigene Küche für die Schulverpflegung?
→ Ausstattung
➢ Wie viele Personen können in der Küche für die Schulverpflegung arbeiten?</td></tr>
<tr><td colspan="2">Außerunterrichtliche Einbindung</td></tr>
<tr><td>6) Inwieweit werden die SuS des Berufsfeldes EHW außerhalb des Unterrichts in die Schulverpflegung eingebunden?

7) Inwieweit werden die SuS außerhalb des Berufsfeldes EHW außerhalb des Unterrichts in die Schulverpflegung eingebunden?</td><td>➢ Zwischen- oder Mittagsverpflegung
→ Dienste bei Speisenausgabe, Reinigung etc.
→ Kiosk/ Eine-Welt-Laden o.ä.
▪ Speisenplanung
▪ Lebensmittelbeschaffung
▪ Vor- und Zubereitung
▪ Bereitstellung und Ausgabe
▪ Verzehr
▪ Abfallmanagement
▪ Reinigung und Pflege
→ Regelmäßige oder aktionsmäßige/projektorientierte Mitwirkung
→ Bildungsgänge und Klassen
→ Kriterium: Zufälligkeit/Planung</td></tr>
<tr><td>8) Welche räumlichen Möglichkeiten stehen den SuS hierfür zur Verfügung?</td><td>➢ Kiosk/ Eine-Welt-Lade o.ä.
→ Vorbereitungsraum
→ Lagermöglichkeiten
➢ Lehrküche
➢ Separate Küche für die Schulverpflegung
→ Größe → Anzahl der Mitarbeiter
→ Ausstattung</td></tr>
<tr><td colspan="2">Praktikumsmöglichkeit</td></tr>
<tr><td>9) Können die SuS Praktika in der Küche im Rahmen der Schulverpflegung absolvieren?</td><td>➢ Welche Formen von Praktika können absolviert werden
→ Bildungsgänge
→ Dauer
→ Tätigkeiten
➢ Gibt es Anerkennungsmöglichkeiten für Pflichtpraktika?</td></tr>
<tr><td colspan="2">Ernährungsbildung</td></tr>
<tr><td>10) Inwieweit können die folgenden Kompetenzen der REVIS-Ernährungsbildung im Rahmen von Schulverpflegung gefördert werden?
(Karten zur Hilfe nehmen)</td><td>➢ Bildungsziele nach REVIS
→ Selbstbestimmte Gestaltung und Reflexion der eigenen Essbiographie
→ Gesundheitsförderliche Ernährung
→ Planung und Vor- und Zubereitung von Mahlzeiten
→ Verantwortungsvolles Ressourcenmanagement
→ Treffen selbstbestimmter, qualitätsorientierter und reflektierter Konsumentscheidungen
→ Nachhaltiger Lebensstil</td></tr>
</table>

III) Nachhaltigkeit in der Schulverpflegung	
11) Inwieweit wird Nachhaltigkeit **im Unterricht** thematisiert? 12) Inwieweit wird Nachhaltigkeit im Unterricht im Rahmen von **Schulverpflegung** thematisiert? 13) Inwieweit wird Nachhaltigkeit im Unterricht im Rahmen der **schuleigenen Schulverpflegung** thematisiert? 14) Welche **Aspekte** der Nachhaltigkeit werden thematisiert?	➢ Bildungsgänge und Klassen ➢ Lernfelder/Lernsituationen ➢ Ökologisch → Beispiele ➢ Ökonomisch → Beispiele ➢ Sozial → Beispiele
IV) Fazit	
Bitte formulieren Sie in wenigen Sätzen: 15) Welche **Chancen** sehen Sie in der Einbindung nachhaltiger Schulverpflegung ins Bildungsangebot? 16) Welche **Herausforderungen** sehen Sie in der Einbindung nachhaltiger Schulverpflegung ins Bildungsangebot?	

(Quelle: eigene Darstellung)

Anhang 6

Tabelle 15: Bildung von Memos und Ankerbeispielen

Hauptkategorie	**Subkategorie I)**	**Subkategorie II)**	**Memo und Ankerbeispiel**
Schulverpflegung als Lernmöglichkeit			Erfasst alle Assoziationen zur "Schulverpflegung als Lernmöglichkeit". Ankerbeispiel: "Gesundheit, Klimaschutz, Nachhaltigkeit, vielleicht auch ein Stück Erziehung im weiteren Sinne." (S I, 9)
Einbindung in das Bildungsangebot	Unterrichtliche Einbindung	Bildungsgänge und Klassen	Benennt die Bildungsgänge und Klassen. Ankerbeispiel: "Die Auszubildenden der Hauswirtschaft." (S IV, 17)
		Regelmäßige Mitwirkung	Beschreibt die regelmäßige Mitwirkung an der Schulverpflegung im Rahmen des Unterrichts. Ankerbeispiel: "Während ihrer normalen hauswirtschaftlichen Fachpraxis stehen mir immer zwei zur Verfügung, die mich unterstützen." (S III, 13)
		Aktionsmäßige Mitwirkung	Beschreibt die aktionsmäßige Mitwirkung an der Schulverpflegung im Rahmen des Unterrichts. Ankerbeispiel: "A: Wir bieten aber auch als Lernsituation Mittagstisch an, wo dann eben die Kollegen der Schule, aber nur für die Lehrer und das sind einzelne Aktionen in jeder Klasse, die wir genannt haben, maximal zwei in einem Schuljahr." (S IV, 26)
		Prozessschritte	Beschreibt die Teilhabe an den einzelnen Prozessschritten der Schulverpflegung. Ankerbeispiel: "Speisenplanung: Ja. Lebensmittelbeschaffung: Ja. Wo kann man einkaufen, zum Beispiel. Preise vergleichen. Lagerhaltung: Ja [...]" (S IV, 27)
		Räumliche Möglichkeiten	Erfasst die räumlichen Möglichkeiten. Ankerbeispiel: "Ja, wir haben eine

Hauptkategorie	Subkategorie I)	Subkategorie II)	Memo und Ankerbeispiel
Einbindung in das Bildungsangebot			Lehrküche und eine Großküche." (S III, 35)"
	Außerunterrichtliche Einbindung	Regelmäßige Mitwirkung	Erfasst alle Aussagen zur regelmäßigen Mitwirkung in der außerunterrichtlichen Einbindung. Ankerbeispiel: "Doch, das ist die Wirtschafts-AG, die den Schulkiosk bedient und versorgt." (S III, 25)
		Aktionsmäßige Mitwirkung	Enthält alle Aussagen, die eine aktionsmäßige Mitwirkung in der Schulverpflegung beschreiben. Ankerbeispiel: "Es gibt immer mal Aktionen zum Verkauf um Schulklassenkassen aufzubessern [...]" (S I, 29)
		Räumliche Möglichkeiten	Erfasst die räumlichen Möglichkeiten für eine außerunterrichtliche Einbindung in die Schulverpflegung. Ankerbeispiel: "Alles was in Begleitung und Beaufsichtigung ist, können sie das nutzen." (S I, 42)
	Praktikumsmöglichkeit		Erfasst Aussagen inwieweit die Möglichkeit besteht in der Schulküche ein Praktikum zu absolvieren. Ankerbeispiel: "[...] Wir erkennen zwölf Wochen über die Schule an und zwar acht Wochen über den praktischen Unterricht in der Schule und vier Wochen über ein externes Praktikum, das die SuS habe." (S II, 37)
	Ernährungsbildung	Nachhaltiger Lebensstil	Erfasst die Aussagen, die beschreiben inwieweit die Einbindung in die Schulverpflegung einen nachhaltigen Lebensstil beeinflusst. Ankerbeispiel: "A: Ob die deshalb ihren Lebensstil ändern, nein." (S IV, 75)
		Essbiographie reflektiert und selbstbestimmt	Erfasst die Aussagen, die beschreiben inwieweit die Einbindung in die Schulverpflegung beiträgt, die eigene Essbiographie zu reflektie-

Hauptkategorie	Subkategorie I)	Subkategorie II)	Memo und Ankerbeispiel
			ren und selbstbestimmt zu handeln. Ankerbeispiel: "B: Ich glaube schon, dass die SuS sich selber oder immer mehr, mit dem Essen beschäftigen." (S III, 101)
		Persönliches Ressourcenmanagement, Verantwortung übernehmen	Erfasst die Aussagen, die beschreiben inwieweit die Einbindung in die Schulverpflegung ein persönliches Ressourcenmanagement und die Übernahme von Verantwortung fördert. Ankerbeispiel: "Ja, ob sie das jetzt entwickeln und tatsächlich in der Lage sind, diese Verantwortung zu übernehmen, das weiß ich nicht [...]" (S III, 93)
Einbindung in das Bildungsangebot		Kultur und Technik der Nahrungszubereitung und Mahlzeitengestaltung	Erfasst die Aussagen, die beschreiben inwieweit die Einbindung in die Schulverpflegung die Kultur und Technik der Nahrungszubereitung fördert. Ankerbeispiel: "Also "Produzenten" ja auf jeden Fall. Die können gar nicht anders." (S II, 47)
		Konsumentscheidungen reflektiert und selbstbestimmt	Erfasst die Aussagen, die beschreiben inwieweit die Einbindung in die Schulverpflegung reflektierte Konsumentscheidungen fördert. Ankerbeispiel: "C: Ich weiß nicht, ob das immer so im Privatleben auch ankommt." (S IV, 63)
		Ernährung gesundheitsförderlich	Erfasst die Aussagen, die beschreiben inwieweit die Einbindung in die Schulverpflegung eine gesunde Ernährung fördert. Ankerbeispiel: "Ja, auf jeden Fall. Das sagen die SuS auch. Dass sie es zu Hause auch nachkochen. Oder nachgemacht haben." (S IV, 60)
Nachhaltigkeit in der Schulverpflegung	Bildungsgänge und Klassen		Beinhaltet die Bildungsgänge und Klasse, in denen Nachhaltigkeit unterrichtet wird. Ankerbeispiel: "Für die Assistenten im Ernährungs- und Versorgungsbereich. Und auch für die einjähri-

Hauptkategorie	**Subkategorie I)**	**Subkategorie II)**	**Memo und Ankerbeispiel**
			ge Berufsfachschule." (S IV, 80)
	Aspekte der Nachhaltigkeit		Enthält Aussagen über die einzelnen Aspekte der Nachhaltigkeit. Ankerbeispiel: "Wobei den SuS das Soziale, das können die nochmal mehr greifen, das Ökonomische fällt denen relativ schwer." (S IV, 87)
	Im Rahmen der (eigenen) Schulverpflegung		Erfasst Aussagen, inwieweit die (eigene) Schulverpflegung im Bereich der Nachhaltigkeit im Unterricht thematisiert wird. Ankerbeispiel: "Sowohl im Theorieunterricht, ja zum Beispiel ein großes Thema ist Lebensmittelverschwendung." (S II, 62)
	Im Unterricht		Erfasst Aussagen, die Nachhaltigkeit im Unterricht betreffen. Ankerbeispiel: "Nachhaltig Einkaufen. Da haben wir eine Situation." (S IV, 78)
Fazit	Chancen		Enthält Aussagen des Fazits, die als Chancen für die Einbindung von SuS in die nachhaltige Schulverpflegung angesehen werden. Ankerbeispiel: "B: Also ich denke schon, dass wir Chancen haben, die einzelnen Sachen weiter umzusetzen. Auch in der Fachpraxis." (S IV, 108)
	Herausforderungen		Enthält Aussagen des Fazits, die als Herausforderungen für die Einbindung von SuS in die nachhaltige Schulverpflegung angesehen werden. Ankerbeispiel: "Die Herausforderungen bestehen darin, das zur Verfügung stehende Budget und die Ressourcen irgendwie zu berücksichtigen." (S III, 138)

(Quelle: eigene Darstellung)

Anhang 7

Tabelle 16a: Summary-Grid Schule I

Kategorie	Codings	Summary
Schulverpflegung als Lernmöglichkeit	Gesundheit, Klimaschutz, Nachhaltigkeit, vielleicht auch ein Stück Erziehung im weiteren Sinne. (9)	Gesundheit, Klimaschutz, Nachhaltigkeit, Erziehung
Unterrichtliche Einbindung	Im Rahmen der Schulverpflegung wüsste ich nicht, dass das so explizit im Unterricht einfließt. (13) Also vorher haben sie die Verpflegung selber gemacht und organisiert. Und das ist jetzt nicht mehr der Fall. Und in dem Sinne nicht mehr beteilig. (17) Nachfrage: Und wie war das früher? Waren die SuS auch bei der Speisenplanung beteiligt? Ja, gehe ich mal von aus. Es ist so, dass wir dann auch die entsprechenden Fachpraxislehrer hatten. Jetzt haben wir noch zwei. Das wird also grade weniger. Wo man dann auch den Speisenplan sozusagen festgelegt hat und gemeinsam vorbereitet hat und auch entsprechend verkauft hat. (18-19) Also da gibt es noch aktives Kochen und in dem Sinne das Thema Nahrungsmittel ist ein Thema aber nicht hinsichtlich der Schulverpflegung – nicht mehr. (23)	Schulverpflegung wird nicht in den Unterricht eingebunden.
Bildungsgänge und Klassen	Das einzige, im Moment haben wir 2 Bäcker, die Nahrungsmittelfachverkauf (das als Berufsschule) und im Ernährungsbereich nur noch die Berufsfachschule I und II. Also eine Klasse besteht auS II0 Leuten. (12) Das ist auch heute noch so bei den Kinderpflegern und Sozialassistenten. (23) Kinderpfleger und Sozialassistenten. (25)	Ernährung und Hauswirtschaft-Berufsfeld: 2 Bäcker, Nahrungsmittelfachverkäufer, Berufsfachschule I+II nicht Ernährung und Hauswirtschaft- Berufsfeld: Kinderpfleger, Sozialassistenten"
Regelmäßige Mitwirkung	k. A.	Keine regelmäßige unterrichtliche Einbindung in die Schulverpflegung
Aktionsmäßige Mitwirkung	Genau das ist das Fest der Kulturen welches wir nächste Woche haben. Da es natürlich über das Essen immer am einfachsten ist. Wobei wir (leider) vergessen haben, dass Ramadan ist. Das ziehen wir jetzt aber durch. Da gibt es dann Brot und Spiele, sagen wir mal. Der Caterer macht zum Beispiel Omas Kartoffelpuffer. Andere grillen irgendwelche	Aktionsmäßige unterrichtliche Einbindung in die Schulverpflegung in Form eines "Fest der Kulturen" mit internationalen

Kategorie	Codings	Summary
	Schaschlik-Spieße, also von den russisch stämmigen Kollegen beziehungsweise SuS, Kollegen haben wir nicht. Also die machen das Schaschlik und so weiter. Aber es gibt verschiedenes. Es gibt ein Café. Also wir haben ja fünf Flüchtlingsklassen auch, also ungefähr 100 SuS und auch daraus wird dann das ein oder andere dann zubereitet an landestypischen Speisen. Das soll dann auch so ein bisschen das Thema sein. (34-36) Nachfrage: Wird davon auch ein Teil im Unterricht behandelt oder thematisiert? Kann ich leider nicht zu sagen. Also grundsätzlich würde ich ehr sagen nein. Weil Schaschlik und Würstchen ist jetzt ehr nicht so ein Thema, ob das zu einem Austausch in den internationalen Förderklassen geführt hat, will ich jetzt nicht ausschließen, weil wir da sehr viele Nationen haben, sodass man sich da mal austauscht, was ist landestypisch, was wo hergestellt wird. Solche Dinge. Aber ob das ein eigenes Thema ist, kann ich nicht sagen. (37-38)	Speisen zum Verkauf
Prozessschritte	Nachfrage: Also haben sie sowohl bei der Bereitstellung wie auch bei der Ausgabe, dem Verkauf mitgeholfen? Ja. (20-21) Das funktioniert grundsätzlich hier so, dass die sie in einem Lebensmittelmarkt, Edeka, einkaufen. Da werden dann entsprechend die Rechnungen ins Haus geben. (23) Ja, das waren die Kinderpfleger und Sozialassistenten Nachfrage: Und welche Aufgaben habe die übernommen? Genau das gleiche, also Verkauf und Zubereitung und Planung, weil die auch ganz normal Praxisunterricht in der Küche haben. (25-27)	Früher haben die SuS in der Lebensmittelbeschaffung, Vor- und Zubereitung, Bereitstellung und Ausgabe mitgeholfen.
Räumliche Möglichkeiten	Wir haben eine ganz neu eingerichtete Küche mit 16 Arbeitsplätzen. Wir hatten mal drei Küchen. Eine haben wir jetzt abgerissen. Da ist jetzt ein Pflegeraum, weil die Verlagerung der Schülerzahlen ist ja ehr Gesundheit. Der ist ganz groß im Kommen. Deswegen haben wir eine Küche abgerissen, die war aber auch schon über 30 Jahre alt, dafür haben wir jetzt eine neue, nagelneu. Die ist jetzt ein gutes Jahr, oder anderthalb. Und dann haben wir noch eine ganz kleine Küche. Also haben wir insgesamt zwei Küchen. (40)	2 Lehrküchen
Außerunterrichtliche Einbindung		
Regelmäßige Mitwirkung	k. A.	Es erfolgt keine regelmäßige außerunterrichtliche Einbindung

Kategorie	Codings	Summary
Aktionsmäßige Mitwirkung	Da wurden Fairtrade-Produkte verkauft, es war so ein Versuchsballon in unserem Café drüben. Das war, um auf dieses Thema aufmerksam zu machen. (12) Es gibt immer mal Aktionen zum Verkauf um Schulklassenkassen aufzubessern. Das heißt sowohl unser berufliches Gymnasium steht häufiger mal zum Kuchenverkauf oder Waffelverkauf oder wenn es dann die Herren ehr sind, dann zum Würstchengrillen. Dann gibt es in der zweiten Pause Würstchen. (29) Nachfrage: Und das wird von den SuS selbstständig organisiert? Genau von der SV oder von den Klassen selber. Um die Klassenkasse aufzubessern. (30-31) Nachfrage: Aber das wird nicht verbunden mit einem Lernen in dem Sinne? Nein, das ist eine reine Versorgung. Da geht es um das Wirtschaftliche, um Geld zu generieren für irgendwelche Aktionen. Manchmal auch Spendenaktionen. (32-33)	Aktionen zur Verbesserung der Klassenkassen
Räumliche Möglichkeiten	Alles was in Begleitung und Beaufsichtigung ist, können sie das nutzen. (42)	Für außerunterrichtliche Einbindungen in die Schulverpflegung können auch die Küchen benutzt werden.
Praktikumsmöglichkeit	Also haben wir noch nicht gemacht, also habe ich noch nicht gesehen. Ich will das nicht ausschließen. Wir haben gerade in der Berufsfachschule Ernährung und Hauswirtschaft Praktika, natürlich. Fünf Wochen oder so. Die sind in der Regel in Gastronomiebetrieben auswärts. Also ich weiß nicht, ob die Kollegen das schon mal angefragt haben, ob es geht. (45) Nachfrage: Also ist es nicht ausgeschlossen, aber noch nicht vorgekommen. Genua, noch kein konkretes Beispiel. (46-47) Erläuterung, dass es Schulen gibt, die ihren SuS Praktikumsplätze in der eigenen Schulküche anbieten, wenn sie keinen Praktikumsplatz finden können. Das haben wir hier auch schon mal. Dann gehen sie mit dem Hausmeister mit und machen Hausmeistertätigkeiten, wenn es so gar nicht geht. Eigentlich sollen die ja in die Betriebe. Aber ich kann ja mal die Abteilungsleiter fragen. Keine Ahnung. Ist ja mal eine Idee, ob da schon mal jemand drauf gekommen ist. (48-49)	Aktuell besteht keine Möglichkeit in der Schulküche ein Praktikum zu absolvieren. Es ist jedoch nicht ausgeschlossen.

Kategorie	Codings	Summary
Ernährungsbildung		
nachhaltiger Lebensstil	Würde sagen, im Moment gar nicht. Also wenn wir da ehrlich sind, was grade abläuft, wie wir es gesehen haben, dann ist das kein Thema. Das kann man so stehen lassen. Also das muss irgendwie an anderer Stelle kommen. Weil wir da einfach mit den wirtschaftlichen Aspekten, sagen wir mal zusammentreffen und dann haben wir da kaum eine Chance. Ne, aber grundsätzlich müssen wir das Verhalten an anderer Stelle reflektieren. Ich kann ja auch nicht große Plakate aufhängen „Esst kein Fleisch" und darunter liegen die Schnitzel. Da kriegen wir Ärger mit der Betreiberin. Das verstehe ich ja auch erstmal. (61)	Ein nachhaltiger Lebensstil wird nicht gefördert, da keine regelmäßige Einbindung in die Schulverpflegung erfolgt.
Essbiographie reflektiert und selbstbestimmt	Ich glaube schon. Also wir haben ja jetzt das Thema Schulverpflegung. Wir haben viele Klassen, die nicht direkt im hauswirtschaftlichen Bereich tätig sind, zum Beispiel die zweijährige Berufsfachschule Gesundheit und Soziales, da haben wir also auch entsprechend Ernährungslehre auf dem Stundenplan. Weil wir auch glauben, das gehört dazu. Auch bei den Erziehern, da weiß ich grade nicht, ob wir es da machen, aber bei den Kinderpflegern zum Beispiel und Sozialassistenten, weil da ja auch irgendwann für andere Speisen zubereitet werden und so weiter. Das heißt, dass hat ja auch mit Kapazitäten zu tun, die man im Augenblick noch hat. Aber grundsätzlich glauben wir, dass es insgesamt wichtig ist für unsere SuS. Zumal man sich ja in Bereichen die Konstitutionen dieser SuS, das kann sowohl auch hier in den IT- Berufen sein, die auch mal eine Ernährungsberatung haben dürfen. Wir hatten auch schon mal die AOK hier gehabt, die dann mit ihren großen Koffern und dann wollten wir das Toastbrot philosophieren. Also solche Dinge machen wir schon. Wir hatten auch mal eine Veranstaltung hier zum ökologischen Fußabdruck. Also wir sind uns da der Verantwortung doch bewusst und machen im Rahmen – zumindest der Theorie – machen wir auch was und glauben dass es wichtig ist, um den SuS was auf den Weg zu geben. Denn wir merken ja auch, Viele kommen ja ohne Frühstück, ohne irgendwelche Dinge hier an. Also da ist im Augenblick schon großer Handlungsbedarf. Das würde ich schon so sehen. (53)	Eine reflektierte Essbiographie wird nicht gefördert, da keine regelmäßige Einbindung in die Schulverpflegung erfolgt.
persönliches Ressourcenmanagement, Verantwortung übernehmen	Also wenn wir uns wirklich auf Schülerverpflegung beschränken, dann würde ich sagen, dann ist das im Augenblick nicht gegeben. […] Also das wird wahrscheinlich eine Bauchentscheidung sein. Also da müssen sie ja bezahlen. Sie können ja keinen Deckel anschreiben lassen. Ob sie nachher deswegen ihr Handy nicht bezahlen können oder ihr Auto, dann weiß ich ja nicht, ne. (63-65) Ja, also das ist hier auch. Wir sagen, also wir haben eben	Ein persönliches Ressourcenmanagement wird nicht gefördert, da keine regelmäßige Einbindung in die Schulverpflegung erfolgt.

Kategorie	Codings	Summary
	gesehen, die jungen Männer in den entsprechenden Berufen, und das sind wie gesagt die Industrieberufe, da reden wir nicht über 300, 400 Euro sondern über 1.000 gleich fast im ersten Lehrjahr in bestimmten Bereichen. Das ist für die kein Thema. Also da wird richtig viel Geld hingelegt. (67) Also da gibt es sicherlich keine Erziehung, sondern in dem Sinne ist das hier nicht das Thema, zu mindestens nicht an der Schulverpflegung aufgehängt. Das glaube ich jetzt nicht. (75)	
Kultur u. Technik d. Nahrungszubereitung u. Mahlzeitengestaltung	Also das kann nur über Angebot und Nachfrage gehen. Denke ich mal, also wenn die SuS das Ganze boykottieren würden, dann würde man sich umstellen, aber im Augenblick scheint es genau das zu sein und zu treffen. Keiner hat richtig Lust sich damit zu beschäftigen in dem Sinne. Sondern sagen, das ist alles da, ich bediene mich. Und damit ist das Thema für mich durch. Es gibt bestimmt wichtigeres, oder auch nicht. Das wird so hingenommen und damit sind die zufrieden. (77)	Die Kultur und Technik der Nahrungszubereitung wird nicht gefördert, da keine regelmäßige Einbindung in die Schulverpflegung erfolgt.
Konsumentscheidungen reflektiert und selbstbestimmt	Ja, da müsste ich jetzt mit den Kollegen sprechen. Das kann ich jetzt so nicht sagen. Aber grundsätzlich kann man sagen, ist es ja sicherlich ein Ziel, dass ich das was ich zu mir nehme nicht nur zur körperlichen Versorgung brauche, sondern dass das ja auch insgesamt eine Wirkung hat. Und ich glaube das ist schon wichtig, das mit denen zu besprechen. (57) Nachfrage: Die SuS haben ja auch eine Auswahl an der Theke, was sie konsumieren möchten. Ja, zum Beispiel nehme ich Fleisch möchte oder nehme ich keins. Da wäre dass dann so. aber auch so im eigenen verhalten tagtäglich. Man weiß ja auch dass sich die geschmacksnerven der jungen Leute, und auch unsere vermutlich verändert haben und das man auf bestimmte Gewürze reagiert und anderes sofort als kaum essbar bezeichnet. Wenn da nicht die richtigen Geschmacksverstärker drin sind oder solche Dinge drin sind. Also was man vielleicht noch mal machen kann, das ist so ein Wettbewerb, Kochwettbewerb, mit dieser Klasse also mit der Berufsfachschule: die kriegen dann ein Budget vorgegebenen, von zehn Euro und müssen dann dementsprechend ein Menü dafür machen. Und wir waren jetzt grade in dieser Landlust. Da haben wir, also die, für 25 Euro, hat diese Klasse auch mit einer Kollegin ein Menü erstellt. Da gab es dann eine Reportage. Dann auch das Einkaufen auf dem Markt, regionale Produkte zu kaufen. Aber einzelne Schwerpunkte, oder wie das da eingeflossen ist und als es um die Umsetzung ging, kann ich jetzt nicht sagen. (58-59)	Reflektierte Konsumentscheidungen werden nicht gefördert, da keine regelmäßige Einbindung in die Schulverpflegung erfolgt.

Kategorie	Codings	Summary
Ernährung gesundheits-förderlich	Insgesamt das Ganze zu reflektieren, in den verschiedenen Aspekten, erachte ich schon für wichtig. Aber auch für die eigene Gesundheit auch um einfach mal zu gucken, ist das was ich jetzt so treibe richtig, wie kann ich es vielleicht ändern. Da auch eine Art Erziehung zu leisten, das ist auch schon wichtig. Das ist eine wesentliche Aufgabe. Das glaube ich schon. (55)	Eine gesunde Ernährung wird nicht gefördert, da keine regelmäßige Einbindung in die Schulverpflegung erfolgt.
Nachhaltigkeit in der Schulverpflegung		
Bildungsgänge und Klassen	Wie weit das im Einzelnen natürlich umgesetzt wird, also ich bin jetzt selber bei den Holzleuten, und auch da wird natürlich über Umweltfreundlichkeit, über Fußabdruck, über Klimaschutz gesprochen. Wenn ich, sagen wir mal über Lacke, Lackierungen, Verfahren und solche Dinge spreche. (79) In allen Bildungsgängen, als Unterrichtsprinzip, so möchten wir das eigentlich. (79) Fairtrade war schon einmal ein Thema was wir mit der Berufsfachschule gemacht haben. (12)	außerhalb Ernährung und Hauswirtschaft-Berufe: Nachhaltigkeit wird bei den "Holzleuten" konkret thematisiert, bei allen anderen Bildungsgängen soll es auch Unterrichtsprinzip sein. Fairtrade mit der Berufsfachschuel
Aspekte der Nachhaltigkeit	Kann ich nichts zu sagen. (84) Auch ökologische. (86) Nachfrage: Und wie ist es mit sozialen Aspekten wie Ergonomie und Arbeitsschutz? Ja, das gehört ja in diesem Sinne dazu. Also es gibt ja Vorschriften, wie zum Beispiel Lacke aufzutragen sind und so weiter. Das ist auch ein Thema. Nachfrage: Also es wird schon thematisiert, aber vielleicht nicht bewusst im Zuge der Nachhaltigkeit. Genau, es kommt so ein bisschen aufs Thema an. (87-90)	Es können nur begrenzt Aussagen über die Aspekte der Nachhaltigkeit getroffen werden.
Im Rahmen der (eigenen) Schulverpflegung		
Im Unterricht	Fairtrade war schon einmal ein Thema was wir mit der Berufsfachschule gemacht haben. (12) Wie weit das im Einzelnen natürlich umgesetzt wird, also ich bin jetzt selber bei den Holzleuten, und auch da wird natürlich über Umweltfreundlichkeit, über Fußabdruck, über Klimaschutz gesprochen. Wenn ich, sagen wir mal über Lacke, Lackierungen, Verfahren und solche Dinge spreche. (79) Was dann natürlich im Einzelnen davon jetzt umgesetzt wird, dazu könnte ich jetzt nichts sagen. (79)	Nachhaltigkeit wird nicht als Konzept vermittelt, obwohl es Unterrichtsprinzip sein soll.

Kategorie	Codings	Summary
	Wir haben das als Teil des Schulprogrammes. Zu mindestens schon mal verewigt und es soll eigentlich Unterrichtsprinzip sein. (79) Da kann ich nichts zu sagen, weil ich gar nicht weiß, inwieweit die Schulverpflegung oder in welchem Sinne auch immer diskutiert wird und besprochen wird. Wenn dann ja auch ehr ist zu teuer oder schmeckt nicht, es ist mir zu viel Fleisch oder die Speisekarte soll eine andere sein. Ich glaube nicht, dass es insgesamt ein Thema im Unterricht so in diesem Sinne ist. (81) Ja richtig. Also von Materialien, da ist es glaube ich schon so, dass das ein Thema ist. Also auch der Umgang mit der Ressourcenschonung insgesamt. Aber auch die Entsorgung und die Nachhaltigkeit. Also was ist beispielsweise mit dieser Tischplatte. Wie entsorge ich die? Oder Laminat ist auch immer so ein schönes Beispiel, weil ich weiß nicht, wie viel Quadratkilometer da täglich verlegt wird. Jetzt haben wir es sogar bei Windradflügeln, nicht man nicht wieder recyceln kann. Das ist schwierig. Also das ist schon etwas, was glaube ich, was insgesamt schon eine Rolle spielt. Auch ökologische. Was ich auch mache, ist Betriebsplanung. Da geht es zum Beispiel auch immer über Fotovoltaik-Anlagen, wie wird die Energie erzeugt für die Maschinen. Also da gibt es auch immer, wie wird die Energie verwandelt, wie wird die Energie aufgebracht. Das ist jetzt bei mir so ein Thema. (86) Richtiges Konzept zur Nachhaltigkeit, zur Erziehungsarbeit in diesem Sinne gibt es bei uns nicht. (90)	
Fazit		
Chancen	Also im Prinzip würde ich da große Chancen sehen. Um einfach das eigene Verhalten zu reflektieren hinsichtlich der übergeordneten Ziele des Klimaschutzes, der Nachhaltigkeit aber auch der persönlichen. Also was habe ich für ein Essverhalten, welche Verantwortung habe ich in diesen Bereichen mir gegenüber aber auch vielleicht der Gesellschaft gegenüber. Wir haben grade auch das Thema Meeresverschmutzung. Also auch solche Dinge spielen da ja auch eine Rolle. Ich kaufe sehr viele Dinge verpackt. Die Plastiktütenfrage. Da können wir im Prinzip ganz viel daran aufhängen. Und dieses eigenen Verbraucherverhalten, also im Sinne von Umweltschutz, Klimaschutz, aber auch des persönlichen Lebenswandels hätte ich beinahe gesagt. Ich glaube das bietet eine ganz Menge und daran kann man natürlich auch vieles mit einbeziehen wobei dann die Spannung zwischen den wirtschaftlichen Fragen	Es werden große Chancen hinsichtlich eines reflektierten Verhaltens zum Wohl des Klimaschutzes und des Umweltschutzes gesehen.

Kategorie	Codings	Summary
	und den, also wenn wir da ganz groß gegen Fleischkonsum arbeiten oder. (99) Vielleicht wäre das jetzt auch mal eine Idee, ihr das auch mal zukommen zulassen. Und sagen, wo können wir dran arbeiten. (107)	
Herausforderungen	Es ist so, dass wir dann auch die entsprechenden Fachpraxislehrer hatten. Jetzt haben wir noch zwei. Das wird also grade weniger. (19) Die kochen und lernen kochen und essen diese Lebensmittel entsprechend. Dann nach dem Unterricht und im Unterricht auch nochmal ein Problem was den Absatz an dem Kiosk nicht steigerte, weil sich ein Teil der SuS praktisch selber verpflegte. Das reduziert den Umsatz dann auch. (23) Also sich die Zeit dafür zu nehmen. Weil natürlich schon in den Berufsschulklassen gibt es klare Vorgaben, Inhalte, Prüfungen, Prüfungstermine und da ist die Frage, ob wir uns da Zeit nehmen. Wir haben sogar ausgewählte Geschichten schon mal gemacht. Wir haben auch ein Windrad. Ich hoffe es steht jetzt auf dem Dach. Solche Projekte zur Energieeinsparung. Wir haben unsere Lichtschalter gekennzeichnet. Wir haben über Wasserverbrauch hier mal nachgedacht. Das sind alles so Dinge, die wir hier schon einbringen. (101) Nachfrage: Aber bezogen auf Schulverpflegung und Nachhaltigkeit? Nein, eigentlich nicht. (102-103) Ich glaube auch nicht, also das wäre jetzt auch ein bisschen zu einfach, zu sagen, der Caterer hat Schuld, dass wir das nicht bearbeiten. Aber sie würde uns ja auch nicht in den Unterricht rein reden. Das dürfte sie ja auch nicht. Und sagen, jetzt könnt ihr nicht gegen den Fleischkonsum wettern, weil ich dann keine Schnitzel mehr verkaufe. (104-105) Also das wäre jetzt zu einfach, zu sagen, der Partyservice, also der Caterer spricht dagegen. (107) Ich sehe im Rahmen von Beförderungen Unterricht, aber da ist mir so ein Thema auch noch nicht untergekommen. Das sind dann ehr so die klassischen Geschichten. (107) Es sind alle zufrieden. (107) Die haben alle tausend andere Baustellen. (107)	Die Herausforderungen sind besonders fehlende Fachpraxislehrkräfte, Konkurrenz zum Kiosk und die prüfungsrelevanten Vorgaben der Klassen.

Kategorie	Codings	Summary
	Aber es ist vielleicht noch nicht als, sagen wir mal wesentliches Element der Unterrichtsgestaltung oder auch der Verantwortung die wir da haben, die sehe ich schon, da so präsent, dass wir das so wirklich als Unterrichtsprinzip auch wahrnehmen. (107)	

(Quelle: eigene Darstellung)

Tabelle 16b: Summary-Grid Schule II

Kategorie	Codings	Summary
Schulverpflegung als Lernmöglichkeit	Das ist eine optimale Lernverflierung. Weil das natürlich bei uns am Berufskolleg auch auf die Bildungspläne abgestimmt ist. In den Bildungsplänen ist die Verankerung von Theorie und Praxis ja auch vorgesehen und das führen wir hier ganz erfolgreich durch. (9)	Am Berufskolleg sind dafür optimale Voraussetzungen gegeben.
Unterrichtliche Einbindung	Also die Schulverpflegung wird ja in der Regel verzahnt. Der Theorie- und der Praxisunterricht sind miteinander verzahnt und sind auch aufeinander abgestimmt. (13) Hier muss natürlich differenziert werden, in welchen Bildungsgängen bewege ich mich jetzt und wie kann ich die SuS die ja laut Bildungsplänen auch gefordert werden, ein hohes Maß an Selbstständigkeit zu erwerben im Laufe ihrer Schulausbildung. (13) Die höhere Berufsfachschule hat drei Handlungsfelder, vier Handlungsfelder. Das ist zum Beispiel die Mahlzeitengestaltung, das ist die Menü- und Buffetplanung, das ist das Reinigen von Wohn- und Funktionsbereichen und das ist die Textilpflege, beinhaltet das so. Das ist so das erste Schuljahr. Und da werden die SuS, also das ist komplett verzahnt mit Theorie und Praxis, weil sie das teilweise im Theorieunterricht planen und dann in der Praxis die Möglichkeit haben, das umzusetzen. (15) Im zweiten Schuljahr, das ist ehr so die personenbezogene Ernährung, angefangen bei der gesunden, also wie ernähre ich den gesunden Menschen, bis hin zum kranken Menschen mit Einbindung von Verdauung und Stoffwechsel. Da kann ich jetzt im Praxisunterricht weniger machen, aber da kann ich dann die krankheitsbedingten Kostformen, die kann ich dann ja auch in das Speisenangebot locker einbinden. (15)	Verzahnung von Theorie und Praxis besonders im ersten Schuljahr der höheren Berufsfachschule.
Bildungsgänge und Klassen	Ich kann mit SuS die in der Ausbildungsvorbereitungsschule (kurz: AVS) sind, nicht so selbständig arbeiten und auch im Ergebnis hinterher nicht so umfangreich arbeiten und sie planen lassen, wie mit Fachabiturientinnen und Fachabiturienten. (13)	Ernährung und Hauswirtschaft-Berufsfeld: Ausbildungsvorbereitungsschule,

Kategorie	Codings	Summary
	Aber die Verzahnung findet in allen Fächern im Fach EH (Ernährung und Hauswirtschaft) statt. (13) Die höhere Berufsfachschule hat drei Handlungsfelder, vier Handlungsfelder. (15) Nein, also das Angebot steht immer für alle, aber es wird nicht immer von allen Klassen angenommen, wie zum Beispiel der Bazar, da sind immer ganz viele Klassen eingebunden. Oder beim Kunst- und Kulturtag auch ganz viele Klassen. Das ist auch immer nach Interessenlage. (23)	Fachhochschulreife, höhere Berufsfachschule
Regelmäßige Mitwirkung	Im zweiten Schuljahr, das ist ehr so die personenbezogene Ernährung, angefangen bei der gesunden, also wie ernähre ich den gesunden Menschen, bis hin zum kranken Menschen mit Einbindung von Verdauung und Stoffwechsel. Da kann ich jetzt im Praxisunterricht weniger machen, aber da kann ich dann die krankheitsbedingten Kostformen, die kann ich dann ja auch in das Speisenangebot locker einbinden. Also da findet dann auch eine regelmäßige Projektplanung statt. In der Klasse ist eigentlich die Verzahnung komplett gegeben. (15) Also das sind dann auch SuS, die dann nicht in der Ausgabe arbeiten, die vielleicht noch ein bisschen Förderbedarf haben im Bereich Nahrungszubereitung, die machen das dann intern in den Schulküchen. (25) Also die ERNÄHRUNG UND HAUSWIRTSCHAFT-SuS sind ja immer in Unterricht integriert, das sind sechs Stunden pro Woche, sechs Unterrichtsstunden also in der Fachpraxis und dazu kommen dann noch sieben Theoriestunden. (28) Nachfrage: Genau, oder einen Kioskdienst. Nein, das machen alles die Fachkräfte. Aber das liegt aber auch an den Vorgaben, an den hygienerechtlichen Vorgaben. (31-32)	sechs Stunden Fachpraxis pro Woche in denen Produkte für die Schulverpflegung produziert werden. Eignen sich die Unterrichtsthemen nicht für die Schulverpflegung werden Projekte durchgeführt.
Aktionsmäßige Mitwirkung	Ja, also wir haben zum Beispiel einen Kunst- und Kulturtag an unserer Schule und da finden viele Projekte statt, auch zur nachhaltigen Ernährung, oder dass die SuS dann so regionale oder Landesküchen, weil wir haben ja auch SuS aus vielen Kulturkreisen bei uns, dass die dann eben aus Landesküchen kochen oder wenn Europameisterschaften oder Weltmeisterschaften sind, dann finden auch immer in anderen Klassen solche Projekte statt. Oder wenn die für ihre Abikasse sammeln, dann verkaufen die auch hier. Und Bazare haben wir und ganz viele verschiedene Einbindungen. (21)	Kunst- und Kulturtag mit einem breiten Angebot für alle Klassen

Kategorie	Codings	Summary
Prozessschritte	Speisenplanung würde ich sagen überwiegend, Beschaffung nicht, also im Projekt schon, da gibt es ein Projekt im Bereich Konservieren von Lebensmitteln, da ist die Beschaffung, also da müssen die SuS das selber planen die Beschaffung und müssen auch Beschaffungsalternativen erarbeiten. Bei der Lagerhaltung sind sie eingebunden. Alleine schon durch die Vermittlung des HACCP-Konzepts und da ist die Lagerhaltung natürlich ein großer Bestandteil. Vor- und Zubereitung auf jeden Fall. Bereitstellung und Ausgabe auf jeden Fall auch, Abfallmanagement ist durch die Vorplanung natürlich durch die Lehrkräfte organisiert, dann natürlich in der Durchführung und in der unterrichtlichen Aufbereitung im Theorieunterricht gehört das natürlich auch dazu. Die Reinigung und Pflege leider ungeliebt aber natürlich auch. (17)	Die SuS sind in fast alle Prozessschritte eingebunden, außer diese werden von der Schule bereits organisiert.
Räumliche Möglichkeiten	Also wir haben einmal so eine kleine Mini-Großküche, da ist die Oase, wo auch die Mittagsverpflegung stattfindet, dann haben wir das Bistro wo die kalten und warmen Snack angeboten werden, mit einem Produktionsraum und dann haben wir noch vier interne Schulküchen, wo sozusagen die Nahrungszubereitung gelehrt wird: Grundtechniken erstmal. (25)	vier Lehrküchen und eine Großküche
Außerunterrichtliche Einbindung		
Regelmäßige Mitwirkung	k. A.	Keine regelmäßige Mitwirkung in der außerunterrichtlichen Einbindung
Aktionsmäßige Mitwirkung	k. A.	Keine aktionsmäßige Mitwirkung in der außerunterrichtlichen Einbindung
Räumliche Möglichkeiten	k. A.	k. A.
Praktikumsmöglichkeit	Ja, also da spreche ich jetzt auch erstmal über die HBFS (höhere Berufsfachschule). Die haben, die müssen, die machen den schulischen Teil der Fachhochschulreife und müssen dazu 24 Wochen Praktikum machen, um dann den allgemeinen Fachhochschulreife-Teil zu haben. Wir erkennen zwölf Wochen über die Schule an und zwar acht Wochen über den praktischen Unterricht in der Schule und vier Wochen über ein externes Praktikum, das die SuS haben. So kommen sie auf diese zwölf Wochen. (37) Jetzt gehe ich mal wieder in die AVS, die Anlage B, die haben auch ihre Praktikumszeiten. In der AVS ist das so, dass die drei Praktikumstage vorgesehen haben, laut Bildungsplan und weil wir natürlich auch in allen Bereichen individuell fördern, gibt es immer die Möglichkeit, diese SuS, auch nochmal, also nach dem zweiten Halbjahr, ich	Fachpraktischer Unterricht der höheren Berufsfachschule wird mit acht Wochen als Praktikum angerechnet.

Kategorie	Codings	Summary
	sag mal, wenn die so ein bisschen Routine entwickelt haben, gehen sie, wenn sie das auch möchten, vier Wochen in Betriebe. Also das dürfen sie, müssen sie nicht. Aber davon machen doch auch viele Gebrauch, im Sinne der Berufsorientierung. (37)	
Ernährungsbildung		
nachhaltiger Lebensstil	Also aus Sicht der „Produzenten" auf jeden Fall, weil unser Speisenangebot ja auch sehr nachhaltig ist. Sowohl in der Praxis, ich weiß es jetzt aus dem Theorieunterricht, ich binde da immer das Thema Nachhaltigkeit ein. Also auch auf allen Ebenen der unterrichtlichen Vermittlung, sei es Lebensmittelverschwendung, sei es im Wirtschaftslehreunterricht, da ist das ja immer möglich. Da wissen die Bescheid, so Bescheid, dass sie das Wort Nachhaltigkeit schon manchmal nicht mehr hören können. Ich mache auch immer am Ende der zwei Jahre so eine Reflexion, inwieweit sich so das eigene Ernährungsverhalten und die Nachhaltigkeit verändert hat. Und es ist immer eine Veränderung feststellbar. Das spiegeln mir die SuS auch immer. Ob das aber auch immer in so Gänze der Fall ist, das kann ich nicht beurteilen. Es findet aber eine sehr vertiefte Reflexion statt, insbesondere auch zum Fleischkonsum. Das hat ja auch für mich einen hohen Stellenwert, was Nachhaltigkeit angeht in Bezug auf Massentierhaltung und ich habe da ein paar schöne Filme zur Massentierhaltung, wo wirklich dann hinterher so ein Ruck durchgeht. Also aus Sicht der Konsumenten verändert sich sehr viel, sowohl unter Lehrerschaft als auch unter Schülerschaft. Weil wir eben wirklich sehr sehr viel vegetarische Gerichte anbieten, auch sehr vielfältig in unserem Angebot sind. Also da kommen auch so viele Rückmeldungen, dass sie das so toll finden und gar nicht wussten, wie lecker das ist: Wie da ist kein Fleisch drin? Schmeckt ja trotzdem. Wir kriegen da sehr viel Bestätigung. Das ist richtig toll. Also ich würde sagen, das spiegelt sich auf alle Zielgruppen wieder. Aber, das muss ich jetzt auch noch sagen, am Berufskolleg ist Nachhaltigkeit in allen Bildungsgängen, die wir haben, auch die Nicht-Ernährung sind, immer Thema. (45)	Ausgehend von Reflexionen lässt sich bestätigen, dass die SuS ihr Ernährungsverhalten und die Einstellung zur Nachhaltigkeit verändert haben.
Essbiographie reflektiert und selbstbestimmt	Ja, das tun sie. Auch immer. Auf jeden Fall. Ob das dann immer so in meinem Sinne ist, kann ich nicht sagen, aber es ist auf jeden Fall reflektiert. Und das ist irgendwie der wichtigste Weg. Dass man selbstbestimmt entscheidet und bestimmte Dinge in Kauf nimmt, oder sagt „Ne, die nehme ich eben nicht in Kauf". (57)	Die SuS reflektieren ihre eigene Essbiographie.
persönliches Ressourcenmanagement, Verantwortung übernehmen	Also als „Konsumenten" wenn es jetzt keine ERNÄHRUNG UND HAUSWIRTSCHAFT-SuS sind, finden schon immer Informationen statt, über unser Angebot, manchmal haben wir Projekte, da informieren wir über Inhaltsstoffe, oder über Saisonalität oder Regionalität, also wir bewerben das jetzt nicht extern, also da kann ich jetzt	Die SuS können für sich und ihren Körper Verantwortung übernehmen und schätzen die Schulverpflegung.

Kategorie	Codings	Summary
	nicht so gut in die SuS hineinschauen, aber wenn Fragen kommen, die durchaus mal gestellt werden, also was ist da drin, also da heben wir natürlich auch immer unsere positiven Aspekte hervor. Und aus Sicht der SuS ERNÄHRUNG UND HAUSWIRTSCHAFT, die sind natürlich wirklich gut ausgebildet, weil die wissen, was vollwertige Ernährung ist und die lernen das ja auch im Theorieunterricht, also ihren eigenen Körper einzuschätzen, ihren eigenen Gesamtenergiebedarf, also was ist eine vollwertige Ernährung. Wir arbeiten immer mit der Lebensmittelpyramide zu Beginn und vertiefen das dann in Bezug auf Nährstoffe. (41) Nachfrage: Genau, also dass die SuS lernen mit Kosten umgehen, also beispielsweise ein Menü zu kalkulieren oder was für Geld für Nahrung ausgegeben wird. Ja, also das ist zum Beispiel so, das lernen unsere SuS natürlich im Unterricht. Und unsere Gesamtschülerschaft, die jetzt die jetzt zu Gast sind in unserem Angebot, die sehen natürlich wir günstig unser Angebot ist. Weil wir verkaufen zum Beispiel ein Brötchen mit Salatgarnitur und Beilage und Auflage, vollwertig für einen Euro. Das kriegen Sie nirgendwo. Und das wissen die auch, dass sie das nirgendwo bekommen. Also das sind richtig perfekt gebaute Brötchen und das verhält sich natürlich auch so beim warmen Angebot. Die Preise können die schon sehr wertschätzen. Und bei uns ist das auch so, dass die SuS, die in der Nahrungszubereitung sind, die kriegen immer eine Speise umsonst. Also die dürfen sich immer was nehmen und dürfen immer was essen. Die AVS SuS bekommen auch immer noch ein bisschen mehr, als die anderen SuS, aber die dürfen da natürlich umsonst speisen. Die Kosten können die schon sehr, sehr wertschätzen. Das ist eine hohe Wertschätzung. (43)	
Kultur u. Technik d. Nahrungszubereitung u. Mahlzeitengestaltung	Also „Produzenten" ja auf jeden Fall. Die können gar nicht anders. Die kennen es auch nicht anders. Also das ist hinterher schwierig, wenn sie mal in die klassischen Berufe kommen, dass das da doch vielleicht anders läuft. Und die „Konsumenten" denke ich, dadurch dass das Angebot auch recht gut ist, ist es eine sehr große Horizonterweiterung. Es kommen auch schon manchmal die Wünsche „können Sie nicht mal weiße Brötchen anbieten?". Und dass wir dann auch immer sagen, aber wir wollen doch hier was anderes kennen lernen, als was, was sie schon kennen. Also die kriegen das auch mit. (47)	Die SuS, die in die Schulverpflegung eingebunden sind handeln sicher in der Kultur und Technik der Nahrungszubereitung.
Konsumentscheidungen reflektiert und selbstbestimmt	Ja! Das tun sie. Da bin ich mir sicher. Ob die Konsumentscheidungen dann immer in meinem Sinne sind, das weiß ich nicht. Aber wenn sie Fleisch aus Massentierhaltung essen, dann wissen sie was mit den Tieren passiert ist. Wenn sie Convenience-Produkte essen, das ist auch Thema bei uns im Vergleich zu selbst Hergestellten, dann	Die SuS treffen reflektierte Konsumentscheidungen. Ob sie jedoch im Sinne der Lehrkraft sind, ist zwei-

Kategorie	Codings	Summary
	wissen sie. Mir ist wichtig, dass ein Mensch eine Entscheidung trifft im Wissen, ich esse jetzt hier Fleisch, da ist ein Tier für getötet worden, ich esse es trotzdem. Bewusst. Das ist mir egal. Also er fällt eine bewusste Entscheidung. Das tun die. (51) Nachfrage: Stimmen Sie der Aussage zu, dass die produzierenden SuS da deutlich qualifizierter sind, als die konsumierenden SuS? Ja, ja, auf jeden Fall. Weil die Auseinandersetzung auch viel umfangreicher ist. (52-53)	felhaft.
Ernährung gesundheitsförderlich	Ja, das tun sie auch. Ja, das ist ja der Alltag. Das ist natürlich aus Sicht des Gymnasiums eine andere Sicht, aber das ist für unsere SuS tatsächlich Schulalltag. Da kann ich nur mit sehr gut antworten. (55)	Die SuS gestalten durch die Einbindung in die Schulverpflegung ihre Ernährung gesundheitsförderlich.
Nachhaltigkeit in der Schulverpflegung		
Bildungsgänge und Klassen	k. A.	
Aspekte der Nachhaltigkeit	Nein, also die Ökonomischen werden auf jeden Fall thematisiert, die sind ja auch oft für die SuS sehr interessant, also da hat man schnell den Zugang bei der Ökonomie. (67) Bei den sozialen Aspekten, das geht dann mehr so in den Politikunterricht. Wenn wir uns anschauen, wie in Nicht-Industriestaaten produziert wird und wie die Menschen dort leben. (67) Die Ökologischen werden auch intensiv thematisiert. (67) Aber die Sozialen nicht so intensiv. Also ich hab die immer im Unterricht drin, weil ich diese Wolke, oder wie die heißt, da hab ich immer eine Lerneinheit zu. Wenn zum Beispiel dieses „In jedem Nicht-Industriestaat stirbt jedes dritte oder fünfte Kind an Hunger" das ist schon für die SuS so ein Schock. Warum ist das so? Welche Hintergründe sind dafür verantwortlich? Wie wird Kleidung thematisiert. Es wird thematisiert, aber nicht gleichwertig. (67) Nachfrage: Wobei zu den sozialen Aspekten auch Arbeitsschutz oder Ergonomie gehören. Ja, wobei da bei den SuS der Zusammenhang zur Nachhaltigkeit nicht so bewusst und das immer so transparent zu machen, das ist schwierig. Das wir hier natürlich ganz andere Arbeitsbedingungen haben als in anderen Ländern, das ist denen schon klar, aber gut, das sind junge Menschen, die sehen das, dann kann man das mal in einem	Die SuS haben zu den ökonomischen und ökologischen Aspekten einen schnelleren Zugang als zu den sozialen Aspekten. Die sozialen Aspekte werden hinsichtlich der Produktion in nicht Industrieländern thematisiert und nicht an SuS-nahen Themen wie eigener Arbeitsschutz oder Ergonomie

Kategorie	Codings	Summary
	Filmbeispiel verdeutlichen, aber das ist nicht präsent, permanent. Dieses Denken, was bei mir jetzt vielleicht in meinem Alter, die Präsenz die das hat, das ist bei 17-jährigen nicht da. Kann es auch nicht. Ich sehe meinen Job darin, Impulse zu setzen, Denkanstöße zu liefern. Die werden ja noch groß und erwachsen und erweitern ja noch ihre Horizonte. Da kommt noch immer mehr dazu, denke ich. Und die Erwartung habe ich jetzt auch nicht. Das Soziale ist wichtig, das sehe ich auch, aber ich muss auch Schwerpunkte setzen. (68-69)	
Im Rahmen der (eigenen) Schulverpflegung	Sowohl im Theorieunterricht, ja zum Beispiel ein großes Thema ist Lebensmittelverschwendung. Lebensmittelspekulationen war beispielsweise im Wirtschaftslehreunterricht, im Politikunterricht. Lebensmittelverschwendung hatte ich schon gesagt, Frisch auf den Müll, Hunger, ist immer ein Thema. Inwieweit kommt das zu uns in den Unterricht. Durch Produkte, durch das Kennenlernen von Produkten, durch Vergleiche zwischen konventionellen und nachhaltigen Produkten, durch Saisonalität, Regionalität. (62) Auch, aber auch, also wir müssen jetzt nach den neuen Bildungsplänen Ernährung, ist es ja auch so, dass wir immer alles auf diese Profile beziehen müssen und da sind die Schwerpunktfächer eben Wirtschaftslehre, Produktion und Dienstleistung. Da kommt es immer vor, wir haben auch, die haben auch noch drei Stunden im Differenzierungsunterricht, das Fach heißt sogar Nachhaltigkeit, da machen die dann immer verschiedene Projekte. Die sind da wirklich bestens ausgebildet. Also im Bereich Ernährung. Da ist das immer Thema, da kommt man nicht drum herum. Und es ist ja auch wunderschön, wenn man verpflichtet ist, das zu machen. (64)	Die Schulverpflegung wird beispielsweise hinsichtlich des Themas der Lebensmittelverschwendung, Regionalität oder Saisonalität im Theorieunterricht behandelt. Die Bildungspläne erfordern eine Verknüpfung. Zusätzlich haben die SuS das Differenzierungsfach Nachhaltigkeit.
Im Unterricht	In jedem Unterricht. Also sowohl im Berufsfeld EuH als auch in anderen Unterrichten. Weil der Lehrplan, es gibt uns der Lehrplan vor, aber wir haben da auch wirklich engagierte Lehrkräfte bei uns an der Schule, so dass das immer thematisiert wird. (60)	Nachhaltigkeit wird sowohl im Berufsfeld EuH wie auch in den anderen Berufsfeldern im Unterricht thematisiert.
Fazit		
Chancen	Also die Chancen sind natürlich optimal wenn ich die Schulverpflegung habe. Das ist, da finde ich die Arbeit mit den Produkten, das ist ja auch immer ein stetiger Anknüpfungspunkt und eine permanente Beschäftigung. Und wenn etwas permanent getan wird, dann entwickelt sich auch eine Routine im Denken. Das kann dann nicht so schnell vergessen werden. Das ist glaube ich anders, wenn ich das temporär im Unterricht thematisiere, wie vielleicht am Gymnasium. Dass das vielleicht, vier Wochen, sechs Woche, acht Wochen im Unterricht thematisiert wird,	Durch eine permanente Beschäftigung entwickelt sich Routine. Das ist die große Chance, wenn die SuS täglich/wöchentlich in eine nachhaltige Schulverpflegung eingebunden wer-

Kategorie	Codings	Summary
	dann ist es viel schneller weg oder kann viel schneller verschwinden als wenn es eben immer wieder bearbeitet wird und immer wieder Thema ist. Der Verdrängungsmechanismus kann da nicht so gut funktionieren. (72) Deshalb finde ich, dass das eine sehr große Herausforderung, eine tolle Arbeit mit SuS, wo ich auch nochmal auf einer ganz anderen Ebene in der Praxis mit den SuS arbeiten kann als im Theorieunterricht. Ich kriege viel mehr mit vom Leben der Schülerinnen, von ihren Werten, ihren Vorstellungen und dann kann man nochmal im Nebensatz so eine Marke setzen. (72)	den. Durch den ständigen Kontakt ist die persönliche Einflussnahme sehr groß.
Herausforderungen	Im Bereich der Ernährung finde ich es jetzt nicht so schwierig da eben was die Nachhaltigkeit angeht zu integrieren. (74) Für die nächsten Jahre die Herausforderung ist, das Lehrkräfte noch mehr, noch intensiver zusammen arbeiten müssen in diesem Bereich um dies Thematik zu etablieren, weil es für mich eine der wichtigsten Thematiken ist, die unsere Zukunft maßgeblich bestimmen wird. Das Zusammenarbeiten wird zwar gewünscht aber erfordert ein sehr hohes Maß an Eigeninitiative weil es nicht auf administrativer Ebene in die Lehrpläne und in den Unterricht und in die Arbeit von Lehrkräften integriert ist. Heißt: Lehrkräfte müssen immer freiwillig mehr arbeiten, um da zu guten Ergebnissen zu kommen. Es wird zwar gefordert, aber die Wertschätzung in einem Zeitkontingent erfolgt nicht von den Fordernden. Das ist die Herausforderung der Zukunft. (74)	Die Lehrkräfte müssen zusätzlich und freiwillig noch mehr leisten. Die Herausforderung ist, dass diese Leistung auch anerkannt wird.

(Quelle: eigene Darstellung)

Tabelle 16c: Summary-Grid Schule III

Kategorie	Codings	Summary
Schulverpflegung als Lernmöglichkeit	Da gibt es viele Anknüpfungspunkte im Unterricht, in verschiedensten Bildungsgängen, die ja bei uns viel mit Ernährung zu tun haben. (8)	Es gibt viele Anknüpfungspunkte mit dem Unterricht in den Bildungsgängen der Ernährung.
Unterrichtliche Einbindung	In der AHR also im beruflichen Gymnasium ist es so, dass die Schulverpflegung als eine Möglichkeit angesprochen werden kann, wenn es um Hygienevorschriften geht, das HACCP-Konzept, da könnte man auch andere Einrichtungen auswählen, wie Alten-Wohneinrichtungen zum Beispiel oder eben auch Kitas. (11) Aber an sich beziehen wir das auch immer gerne auf die	Schulverpflegung als eine Möglichkeit das HACCP-Konzept zu erarbeiten.

Kategorie	Codings	Summary
	Schulverpflegung. (11) Ich habe in der FSP selber einen Vertiefungskurs, indem es um Ernährung geht, da wähle ich dann natürlich nicht die Schulverpflegung aus, sondern die Verpflegung und die entsprechenden Qualitätsstandards für Kindertagesstätten und -einrichtungen. Aber es ist auch nicht weit weg von der Schulverpflegung. Also insofern ist das auch ein wichtiges Thema. (11) Das sind einfach zusätzliche Differenzierungskurse, die machen natürlich auch deutlich, wie sehr die Küchen auch genutzt werden. Da haben wir verschiedene: Kreatives Kochen, Himmlisches Kochen, Confiserie, so diese Kurse sind auch sehr stark gefragt. (49)	Die Wirtschafts-AG nutzt Aktionen um sich an der Schulverpflegung zu beteiligen.
Bildungsgänge und Klassen	In der AHR also im beruflichen Gymnasium ist es so, dass die Schulverpflegung als eine Möglichkeit angesprochen werden kann, wenn es um Hygienevorschriften geht, das HACCP-Konzept, da könnte man auch andere Einrichtungen auswählen, wie Alten-Wohneinrichtungen zum Beispiel oder eben auch Kitas. (11) In der FOS ist es also auch so, wobei da eben auch häufiger die Alten-Wohneinrichtungen eine wichtige Rolle spielen. (11) Das zieht sich eigentlich durch alle Bildungsgänge, nicht nur durch diejenigen, die was mit Ernährung zu tun haben, die machen die Wirtschafts-AG, die machen dieses Bio-Projekt, also insofern sind die alle damit involviert. (11) Ich habe in der FSP selber einen Vertiefungskurs, indem es um Ernährung geht, da wähle ich dann natürlich nicht die Schulverpflegung aus, sondern die Verpflegung und die entsprechenden Qualitätsstandards für Kindertagesstätten und -einrichtungen. Aber es ist auch nicht weit weg von der Schulverpflegung. (11) Ich bekomme Unterstützung von den Sozialassistenten. (13) Das gilt auch entsprechend für die Berufsfachschule Ernährungs- und Versorgungsmanagement. (14) Inwieweit werden die SuS außerhalb des Berufsfeldes ERNÄHRUNG UND HAUSWIRTSCHAFT im Rahmen des Unterrichts in die Schulverpflegung eingebunden? B: Außer dass sie sich was wünschen können? A: Eigentlich nicht, nein. (23) A: Doch, das ist die Wirtschafts-AG, die den Schulkiosk bedient und versorgt. (25) B: Aber die Differenzierungskurse sind doch noch in den Küchen. (46)	Ernährung und Hauswirtschaft-Berufsfeld: berufliches Gymnasium, Fachoberschule, Berufsfachschule außerhalb Ernährung und Hauswirtschaft-Berufsfeld: Wirtschafts-AG, Differenzierungskurse, FSP, Sozialassistenten

Kategorie	Codings	Summary
Regelmäßige Mitwirkung	Ich bekomme Unterstützung von den Sozialassistenten. Während ihrer normalen Hauswirtschaftlichen Fachpraxis stehen mir immer zwei zur Verfügung, die mich unterstützen. Bei der Vor- und Zubereitung der Speisen. (13) Das ist das sogenannte Catering-Amt, das die SuS haben und außerhalb der Gruppe unterstützten sie dann bei der Zubereitung der Mittagsmahlzeiten. (14) B: Zwei Stunden ungefähr. Nachfrage: Pro Woche oder alle 14 Tage? B: Jede Woche, aber nur zwei SuS aus der Klasse. Und das rotiert. (16-18) Also an allen Tagen der Schulverpflegung stehen in der Regel auch zwei SuS zur Verfügung, die das Catering-Amt haben und also dabei unterstützten. Weil ansonsten könnten wir das im Frischesystem auch gar nicht leisten, ohne Unterstützung, weil die Teilnehmerzahl sind ja doch schon relativ hoch. (19) A: Richtig, überwiegend in den Pausen, wobei die natürlich als AG zwei Stunden in der Woche haben, oder in Teilen sogar drei, weil es auch ein Grundkurs ist im beruflichen Gymnasium, wo sie den Kiosk bestücken, wo sie auch die Bestellungen machen. Sie sind also, die Wirtschaftsleute, komplett also auch in diesen Ablauf involviert, das ist natürlich auch ein unterrichtliches Ziel, dass sie solche Prozessabläufe kennen lernen. (27)	Cateringamt bestehend aus zwei SuS der Klasse, die regelmäßig in der Küche bei der Mittagsverpflegung unterstützen.
Aktionsmäßige Mitwirkung	Das ist natürlich völlig klar und die Aktivitäten der Wirtschafts-AG sind davon relativ unabhängig. Heute beispielsweise hat die Wirtschafts-AG in den Küche, die grade frei waren, dass passte einfach gut, ein Smoothie-Angebot vorbereitet und ein Obstsalat-Angebot. Das sind ab und zu Aktivitäten, die zusätzlich angeboten werden. (35)	Wirtschafts-AG macht Smoothies oder Obstsalate für den Verkauf.
Prozessschritte	Bei der Vor- und Zubereitung der Speisen. (13) Speisenplanung → Nein, wobei sie können Wünsche äußern. Lebensmittelbeschaffung → Auch nicht. Lagerhaltung → Nein, auch nicht. Vor- und Zubereitung → Ja. Bereitstellung und Ausgabe → Bereitstellung ja, aber Ausgabe nicht. Abfallmanagement → Müllentsorgung. Mehr nicht. Reinigung und Pflege à Auch, ja. (21) Sie sind also, die Wirtschaftsleute, komplett also auch in diesen Ablauf involviert, das ist natürlich auch ein unterrichtliches Ziel, dass sie solche Prozessabläufe kennen lernen. Nachfrage: Dann gehen wir auch hier einmal auf die einzelnen Prozessschritte ein. Speisenplanung → Ja, würde passen.	Cateringamt: hauptsächlich Vor- und Zubereitung und Reinigung und Pflege Wirtschafts-AG übernimmt für den Kiosk alle Prozessschritte bis auf Vor- und Zubereitung und das Abfallmanagement.

Kategorie	Codings	Summary
	Lebensmittelbeschaffung → Ja. Lagerhaltung → Klar. Vor- und Zubereitung → Entfällt hier. Bereitstellung und Ausgabe → Ja. Abfallmanagement → Ja, das ist ja schwierig. Wenn die SuS sich einen Müsliriegel holen, oder einen Joghurt oder was, dann sind die entsprechend selber für das Abfallmanagement verantwortlich und das was so anfällt wird mit entsorgt. Reinigung und Pflege → Ja, machen auch die SuS. (27-29)	
Räumliche Möglichkeiten	A: Ja, wir haben eine Mensa, nicht im klassischen Sinne sondern ehr ein offenes Bistro, würde ich sagen, dass wir neu möbliert haben, das wird auch sehr gut angenommen und auch sehr gut akzeptiert. (31) A: Im Bereich der Küche haben wir zwei Esszimmer, aber dort werden natürlich die SuS, die diese Kocheinheit haben, für sich versorgt. Die Schulverpflegung findet im Bereich der Mensa statt. (33) B: Ja, wir haben eine Lehrküche und eine Großküche. (35) A: Innerhalb der Großküche wird natürlich auch die Mittagsverpflegung hergestellt, wobei es dazu noch eine Cateringküche gibt, die insbesondere als kalte Küche und für Salate genutzt wird. (35)	Eine Lehrküche, eine kalte Küche und eine Großküche für die Schulverpflegung.
Außerunterrichtliche Einbindung		
Regelmäßige Mitwirkung	A: Doch, das ist die Wirtschafts-AG, die den Schulkiosk bedient und versorgt. (25) A: Richtig, überwiegend in den Pausen, wobei die natürlich als AG zwei Stunden in der Woche haben, oder in Teilen sogar drei, weil es auch ein Grundkurs ist im beruflichen Gymnasium, wo sie den Kiosk bestücken, wo sie auch die Bestellungen machen. Sie sind also, die Wirtschaftsleute, komplett also auch in diesen Ablauf involviert, das ist natürlich auch ein unterrichtliches Ziel, dass sie solche Prozessabläufe kennen lernen. (27) A: Ja, also der Wunsch oder auch die Idee von der SV ist, dass sie mit bei der Ausgabe helfen aber in der Mittagszeit. Das ist natürlich schwierig durchzuhalten im Schuljahresverlauf. Weil da sind Klausuren, dann ist dieses, dann ist jenes und dann haben sie es auch vergessen. Also das klappt nicht so, wie man sich das wünschen würde. (38)	Es sollen eigentlich SuS bei der Ausgabe des Mittagsessens in der Pause helfen, jedoch wird das nicht immer eingehalten.
Aktionsmäßige Mitwirkung	k. A.	Keine aktionsmäßige Mitwirkung in der außerschulischen Einbindung

Kategorie	Codings	Summary
Räumliche Möglichkeiten	k. A.	k. A.
Praktikums-möglichkeit	A: Unsere SuS absolvieren kein Praktikum in unserer Küche, sondern wir nutzen externe Möglichkeiten ein Praktikum zu absolvieren und zwar nach Vorgabe der Vorgaben die wir in den Bildungsplänen und in den Lehrplänen haben. (45) In Einzelfällen ist es sicherlich auch mal möglich, wenn SuS innerhalb der Praktikumszeit aus uns bekannten Gründen und die man auch entschuldigen kann, fehlen, dass die mal ein, zwei oder drei Tage nachholen, das wäre durchaus vorstellbar. (45) Das ist auch nochmal eine Idee, die man sicherlich vertiefen könnte, aber ein Praktikum eigentlich als solches wäre wirklich eine Ausnahmesituation. (45) Nachfrage: Wird das als Praktikum angerechnet? A: Nein. Das sind einfach zusätzliche Differenzierungskurse, die machen natürlich auch deutlich, wie sehr die Küchen auch genutzt werden. (48-49)	Praktikumstage können nur in Ausnahmefällen in der Schulküche nachgeholt werden.
Ernährungsbildung		
nachhaltiger Lebensstil	B: Das glaube ich schon. Allein dadurch dass sie mitkriegen, was hier so abläuft mit diesen das ist hier die Mittagsmahlzeit, die es hier in der Cafeteria gibt, dass da 30, 40 Leute zusammen sitzen und essen in der Pause und nicht von außen halt einen Döner hohlen. (82) A: Also wir versuchen das Konzept der Nachhaltigkeit, das ist auch wieder so ein Thema, das natürlich auch in den Unterricht gehört. (84) Und die SuS lernen eben in Teilen auch, dass auch der Einkauf dazu gehört, sie kriegen auch durchaus auch mit, dass wir in Sachen Abfall also sicherlich sehr gut dastehen. Also wenn Reste bleiben, schmeißen wir die in der Regel nicht einfach weg, es sei denn, es lässt sich nicht vermeiden, klar, kommt vor, aber es gibt immer wieder SuS, die gerne etwas mitnehmen, es ist oft auch so, dass nicht alle Mahlzeiten verkonsumiert werden, dann ist das Hauspflegepersonal auch sehr gerne bereit, ja mal einen kleinen Imbiss einzunehmen, oder auch mal was mitzunehmen, das gilt auch für den Hausmeister. B: Das ist abgesprochen mit der Schulleitung. Wenn ich was über habe, bloß nicht wegschmeißen. Und dann bekommen als erstes die Reinigungskräfte etwas. Und die freuen sich auch. Dankbare Abnehmer, wirklich. Und ich habe halt ein gutes Gewissen, dass ich es nicht weg tue. A: Das gehört auch mit zur Nachhaltigkeit. Das kriegen die SuS auch mit und B: Und die fragen auch „Was machen Sie denn mit dem was überbleibt?“. Und dann erklä-	Nicht unbedingt die Einbindung in die Schulverpflegung sondern die Teilnahme sorgt für einen nachhaltigeren Lebensstil.

Kategorie	Codings	Summary
	re ich das auch. Und damit sind die auch mit zufrieden. A: Heute hatten wir auch eine Einheit, da haben wir ein paar Reste verwertet. Da haben wir mal geguckt, was ist noch da, und dann stand da im Rezept, wir brauchen dieses und jenes und da hab ich gesagt, haben wir nicht, guckt doch mal im Schrank, da sollte irgendwie 50 g Weizenvollkornmehl, haben wir Dinkel genommen. Dinkel war da und wir haben nichts Neues gekauft. Also ich glaube die SuS kriegen in diese Richtung schon ganz schön viel mit. B: Ich meine aber auch, dass im Bereich der Mittagsverpflegung, das merken die schon, dass das frisch gekocht ist, dass es frisch zubereitet ist. Es riecht erst mittags um 11 Uhr nach Mittagessen. Es ist wirklich frisch, es steht nicht zu lange warm. Und ich finde, es ist auch gut, dass die das wissen. Es spricht sich auch rum, dass die SuS die mir helfen, die wissen, ich mache Rückstellproben, wir arbeiten sauber, es ist alles pikobello. Das spricht sich rum. Dass das Essen auch wirklich ankommt, hygienisch einwandfrei und frisch ist. A: Das ist halt auch eben „Notching/Nutching“. Wir legen eben Wert darauf, dass das Essen eben nicht in diesen Wärmeboxen hier angekarrt wird und immer gleich schmeckt und immer gleich kühl oder wie auch immer ist. Sondern, das ist eben „Notching“. Das ist eben im Grunde die Ernährungsbildung, die einfach wichtig ist, das ist eben diese Prävention, diese Geschichte, die dahinter steht, die Verhältnis- und Verhaltensprävention. Beides ist uns ganz besonders wichtig, indem wir das anbieten. Und klare Signale setzten, auch im Sinne der Schulleitung. Da mach Schulleitung eben auch deutlich, wir wollen das ganz bewusst und gezielt anbieten. Und wenn sich mal Lücken ergeben im Hinblick auf die Ressourcen, dann tragen wir die auch mit. Das ist uns auch wichtig, dass die SuS das leisten können. Pommes und Currywurst sind teurer. B: Und die beiden SuS, die mir helfen, die finden das immer ganz spannend, wenn wir abschmecken. Die sagen immer, es schmeckt. Ich sag, ich bin noch nicht zufrieden. Wir tun nochmal ein bisschen was dran. Dann probieren wir das nochmal und dann sagen sie, och, ist ja schon viel besser. Seht ihr, nicht sofort zufrieden sein. Wir wollen nur richtig leckeres auf den Tisch bringen. (84-91)	
Essbiographie reflektiert und selbstbestimmt	B: Ich glaube schon, dass die SuS sich selber oder immer mehr, mit dem Essen beschäftigen. Mit ihrem eigenen Essen. Sonst gäbe es ja nicht so viele, die vegetarisch sich ernähren, oder sogar vegan mittlerweile, oder dass sie so viele Sachen nicht vertragen. Verschiedene Obstsorten oder Milch oder sonst was. (101) Nachfrage: Wird das mehr?	Die SuS reflektieren allgemein immer mehr ihr eigenes Essverhalten.

Kategorie	Codings	Summary
	B: Ja. (102-103) Nachfrage: Merken Sie das? B: Ja, also ich merke das schon. (102-103) B: Das ist schon ganz sichtbar, wenn wir eine Unterrichtseinheit haben. Es gibt immer Vorspeise, Hauptspeise, Nachspeise, Salat oder Obst oder irgendetwas. Allein diesen Salat. Es gibt SuS die sagen, immer Salat, jedes Mal Salat. Aber für andere ist das selbstverständlich, dass es immer Salat gibt. Zusätzlich zum Hauptgang, wo womöglich auch noch Gemüse drin ist. Oder es gibt ein Getränk, wenn es um Ernährung für Kinder geht. Gibt es ein Getränk, einen Smoothie oder irgendwie sowas. Also ich denke, dass es schon Einfluss hat. (107)	
persönliches Ressourcen-management, Verantwortung übernehmen	A: Ja, ob sie das jetzt entwickeln und tatsächlich in der Lage sind, diese Verantwortung zu übernehmen, das weiß ich nicht. Das ist auch ein sehr hochgestecktes Ziel. Aber wir sind, glaube ich, auch hier auf einem ganz guten Weg. Wenn sie einkaufen, dann dürfen sie nicht 100 Euro ausgeben, sondern haben ein bestimmtes Budget und sehr häufig planen wir auch Verpflegungseinheiten und die SuS haben einen gewissen Betrag zur Verfügung. Manchmal machen wir ein Kochduell, mit verschiedenen Gruppen, also da geht es ja auch um Ressourcenmanagement, ja, also insofern, denke ich auch, dass wir dem zustimmen können, in der Lage Verantwortung für sich und andere zu übernehmen. (93) B: Das ist grade bei den SuS, die einkaufen gehen jetzt im Rahmen des Unterrichts, da ist die eine Vegetarierin und der nächste hat eine Lactoseintoleranz, da müssen dann die, die einkaufen gehen auch drauf achten. Oder da ist eine Türkin dabei, die nur Rindfleisch ist, dass man dann kein Schweinefleisch kauft. (94) A: Das ist ein tolles Ziel natürlich, kann man nur langsam, Schritt für Schritt und ja nur in Ansätzen. Glaube die tatsächliche Verantwortung kommt dann später erst dazu, wenn man sich selbstständig wirklich versorgt und für einige SuS trifft das schon zu und die wissen das hier sehr zu schätzen. Was wir da liefern. (95) B: Aber die lernen in den zwei Jahren, wo die hier einkaufen, die kriegen mit, wie andere einkaufen, die es von zu Hause nicht gewohnt sind, die einfach falsche Produkte kaufen, statt Schlagsahne, Saure Sahne und die das Einkaufen einfach nicht gewohnt sind. Und so erziehen die sich auch gegenseitig. (96) A: Ja auf jeden Fall. Viele kennen das ja gar nicht mehr in dieser Form von zu Hause. Wie oft erlebt man, dass ge-	Die Kombination aus Fachpraxis- und Theorieunterricht und der Einbindung in die Schulverpflegung führt dauerhaft zu einer Verbesserung des persönlichen Ressourcenmanagements.

Kategorie	Codings	Summary
	meinsame Mahlzeiten gar nicht mehr so selbstverständlich sind, wie wir das oft glauben. (99) A: Zum anderen ist das ja ein Thema im Unterricht. Einflussfaktoren auf das Essverhalten, Steuerung des Essverhaltens, externe, interne Geschichten machen wir eigentlich in allen Bildungsgängen. Das ist ein Thema, was auch super gut in den Anfang hineinpasst, die SuS schreiben und gestalten auch ihre eigene Essbiographie wenn wir uns mit der Ernährung alter Menschen beschäftigen, da spielt das Thema der Essbiographie eine ganz wichtige Rolle und da steigt man ein, indem sie mal ihre eigene Essbiographie, als ich klein war und als ich Geburtstag hatte. Das gilt auch für die Erzieher. Also das zieht sich eigentlich auch quer durch die Bildungsgänge, die sich mit Ernährung eben beschäftigen. Und dazu gehören natürlich auch die Gestaltungmöglichkeiten des Essens. (106)	
Kultur u. Technik d. Nahrungszubereitung u. Mahlzeitengestaltung	A: Das ist schwierig, weil die SuS ja in diesem Zusammenhang gar nicht so in die Zubereitung involviert sind. Für die Sozialassistenten, ja. (59) A: Ja, an einzelnen Schulen ist es möglicherweise so, dass Sozialassistenten oder Berufsfachschüler also auch sehr verantwortlich sind, für die Mittagsgestaltung, und insofern vielleicht hier auch mehr Möglichkeiten haben. Das gilt für unsere SuS natürlich vor allem die in der Küche sind. Die helfen, die unterstützen und als solches auch unabhängig von dieser einzelnen Aktivität sagen wir mal alle sechs Wochen ist man dann mal dran oder wie auch immer, haben die natürlich unabhängig davon auch Nahrungszubereitung und erlernen das. (63) Nachfrage: Das heißt, Sie würden sagen, dass alleine das Mithelfen so sicher macht, dass sie wirklich selbstständig handeln könnten. A: Genau. Ja, was heißt selbstständig handeln. Also wir stellen fest, dass die SuS immer weniger können. Es gibt die SuS die haben selbst in der Oberstufe noch nie Sahne geschlagen und man wundert sich, wie sehr also diese Kulturtechniken einfach auch verloren gehen. Da reicht natürlich so eine einfache, einzelne Aktion im Rahmen der Mittagsverpflegung nicht aus. Da ist sicherlich der begleitende Unterricht ein ganz wichtiger Aspekt. Es geht zunehmend verloren und ist zunehmend eine ganz wichtige Aufgabe von Schule da auch ein wenig nachzuhelfen. (64-65) Nachfrage: Und den praktischen Anteil deutlich zu erhöhen? B: Ja, aber nicht durch die Mittagsverpflegung. (66-67)	Dies gilt besonders für die Sozialassistenten, die das Cateringamt übernehmen.

Kategorie	Codings	Summary
	B: Ja. Also der Unterricht bringt da glaube ich mehr. Die lernen bei mir schon Schneidetechniken und Grundrezepte wie Mehlschwitze und sowas. Aber von zwei-, dreimal lernen die das nicht. A: Was hier der interessante Aspekt ist, dass es für eine große Personengruppe ist, die verpflegt werden muss. Das finden die SuS immer toll, wenn da auch einmal für 40 Leute oder für 50 Leute Gemüseburger oder Nudeln oder sonstiges zubereitet werden, weil es ganz andere Dimensionen sind. Wir bereiten Rezepte zu für sechs Personen im regulären Unterricht. Das finden die einfach faszinierend. (70-71)	
Konsumentscheidungen reflektiert und selbstbestimmt	A: Ja, passt super. Die SuS haben ja die Auswahlmöglichkeit. Sie können hier essen, sie können aber auch in die Pizzabude, in die Dönerbude, ins America Latina, in die Bäckerei oder sonst wo hin gehen. Manchmal sieht man ja auch den einen oder anderen mit so einem China-Pott, oder wie auch immer durch die Gegend laufen oder es riecht nach Pommes. Klar, das gibt es auch. Und sie entscheiden sich und ich denke, dass dabei natürlich auch unser Preise eine ganz wichtige Rolle spielt. Sie sind nicht verpflichtet, sie müssen nicht teilnehmen, sie können teilnehmen, sie können gucken, was gibt es. Das wird auch über die Homepage rechtzeitig veröffentlicht. Und insofern, sie sind ja auch erwachsen, treffen sie also schon sehr reflektiert und selbstbestimmt in der Regel ihre Entscheidung. (57)	Die Teilnahme an der Schulverpflegung fördert reflektierte Konsumentscheidungen.
Ernährung gesundheitsförderlich	A: Also wir sind bemüht die Mittagsverpflegung nach ernährungsphysiologischen Gesichtspunkten zu gestalten. Natürlich müssen wir auch die SuS-Wünsche berücksichtigen. Natürlich müssen wir auch die Ressourcen berücksichtigen, dass ist völlig klar, aber ein ganz wichtiger Aspekt ist, dass sie eben durch die Möglichkeit der Schulverpflegung eben auch Ernährung gesundheitsförderlich gestalten. Sie essen nämlich hier zu Mittag, sie nehmen dieses Angebot war, sie gehen nicht raus, sie stopfen sich nicht mit Pommes oder vergleichbaren Angebot voll, sondern sie lernen eben, dass die Mittagsverpflegung auch zum geregelten Tagesablauf gehört, weil auch ganz oft bis zur achten Stunde Unterricht haben und eine Mittagspause gehört einfach mit dazu. (55)	Die SuS lernen, dass eine Mittagsverpflegung zu einer gesunden Ernährung beiträgt
Nachhaltigkeit in der Schulverpflegung		
Bildungsgänge und Klassen	A: Also Nachhaltigkeit ist Thema einmal selbstverständlich im beruflichen Gymnasium, vor allem im Zweig Ernährungswissenschaften, die haben zum einen das Fach Wirtschaftslehre, die beschäftigen sich sehr wohl mit dem Thema Nachhaltigkeit. (110)	Ernährung und Hauswirtschaft-Berufsfeld: berufliches Gymnasium, Berufs-

Kategorie	Codings	Summary
	Das macht sogar die BFE, fällt mir dazu grade noch ein. (110) Also eigentlich haben es alle Bildungsgänge auch mit im Thema. (110) Sozialassistenten haben eine längere Lernsituation, wo dann eine Sozialassistentin in einer Kindertageseinrichtung arbeitet, die großen Wert auf nachhaltige Ernährung legen. (110) Und insofern ist das auch weit in allen Bildungsgängen verankert. (110) Macht vor allem die Berufsfachschule für Ernährung und Versorgungsmanagement. (122) B: Die Sozialassistenten aber auch. Zu Beginn des Schuljahres. (123)	fachschule Ernährung und Versorgung außerhalb Ernährung und Hauswirschaft-Berufsfeld: Sozialassistenten Aber eigentlich in allen Bildungsgängen.
Aspekte der Nachhaltigkeit	Nachfrage: Da würden zum Beispiel auch so Sachen drunter fallen wie Energieverbrauch oder Wasserverbrauch bei bestimmten Garmethoden. B: Oh, ja. A: Garen mit oder ohne Deckel. B: Man kann Brokkoli beispielsweise mit so wenig Wasser kochen. (115-116) Nachfrage: Genau, oder energieeffizientes Kühlen, Gefrieren oder Lagern. A: Ja, das ist auch so ein Thema. (117-118) Nachfrage: Ich glaube da sind grade ganz viele Themen, die nicht vor Augen sind. B: Ja, die so selbstverständlich sind. (119-120) A: Also im Vordergrund steht glaube ich der ökologische Aspekt. (127) Der soziale Aspekt, also wenn es darum geht, faire Handelsbedingungen zu schaffen ist das in der Regel den SuS nicht so präsent, die Transfair-Produkte, ja die sind bekannt, aber sind nicht so weit verbreitet. (127) Nachfrage: Gesundheitsschutz der Arbeitnehmer würde da auch drunter fallen. A: Das wird nicht immer thematisiert. Das steht nicht im Vordergrund. Das sind einzelne Projekte und wenn wir Transfair-Schule werden wollen, dann muss man einmal im Jahr ein Projekt machen. Ja, alles klar, aber dann rückt das auch wieder in den Hintergrund. Oder? B: Ja, sehe ich auch so. (127-129) A: Also ökologisch ist glaube ich am Wichtigsten. Und dann ökonomisch. Nachfrage: Fehlt da vielleicht auch die direkte Auswirkung auf die SuS?	Der ökologische Aspekt steht im Vordergrund. Der soziale Aspekt wird besonders hinsichtlich fairer Handelsbedingungen thematisiert.

Kategorie	Codings	Summary
	A: Ja, unser Essen ist halt günstig. Und kostet nicht wie an anderen Schulen 3,85 €. B: Manchmal habe ich eine Suppe, die nur 2 € kostet. Dann rennen sie mir die Bude ein. Weil es 50 Cent billiger ist. (130-133)	
Im Rahmen der (eigenen) Schulverpflegung	Also wenn wir einkaufen zum Beispiel, achten wir auf regional, auf saisonal, achten wir nach Möglichkeit auf ökologisch. (114)	In der Schulverpflegung wird auf regionale, saisonale und ökologische Lebensmittel geachtet.
Im Unterricht	Auch die Bereiche, die Wirtschaftsleute, die beschäftigen sich damit, die beschäftigen sich auch mit dem Thema Nachhaltigkeit. (11) Das zieht sich eigentlich durch alle Bildungsgänge, nicht nur durch diejenigen, die was mit Ernährung zu tun haben, die machen die Wirtschafts-AG, die machen dieses Bio-Projekt, also insofern sind die alle damit involviert. (11) A: Also wir versuchen das Konzept der Nachhaltigkeit, das ist auch wieder so ein Thema, das natürlich auch in den Unterricht gehört. Nicht nur in den Unterricht Ernährung sondern ganz genauso in den Unterricht im Fach Wirtschaftslehre. Die machen das auch immer sehr intensiv und natürlich ist das auch eine Säule möglicherweise so ein bisschen über das Thema Nachhaltigkeit nachzudenken. Da könnte man noch viel mehr tun. Indem wir mehr Bio und mehr Öko und mehr Transfair. Das würden wir auch gerne, aber es liegt auch immer am Budget der SuS, das muss man auch berücksichtigen. Das ist das eine, aber nachhaltig in dem Sinne, wie wichtig eine Mittagsmahlzeit ist, wie wichtig geregelte Tagesabläufe sind, wie schlecht Pausensnacks sind. Das ist ja auch Nachhaltig. Das finde ich einen ganz wichtigen Aspekt. (84) Die machen auch Projekte, auch dieses Transfair-Projekt, das haben wir ja auch in Teilen an Bacabal. (110) Das berufliche Gymnasium im Bereich der Ernährung macht dazu ein Projekt, eine Lernstation, da geht es ganz genau um die Nachhaltigkeit in der Ernährung, um die fünf Faktoren, die dieses Nachhaltigkeitskonzept ausmachen. (110) Die einen gucken, wo kann ich Bio einkaufen in Münster. (110) Die anderen haben schon mal eine Stadtplan erstellt, mit veganen und vegetarischen Restaurants, die anderen kümmern sich um alternative, ökologische, nachhaltige Verpackungen und da gibt es noch viele andere Themen, die da so angesprochen werden. (110) Und natürlich machen wir im Zusammenhang mit dem	Die Wirtschafts-AG und die Klassen mit dem Fach Wirtschaftslehre beschäftigen sich mit Nachhaltigkeit. Das berufliche Gymnasium hat eine Lernsituation zum Thema Nachhaltigkeit. Es werden viele Projekte zum Thema Nachhaltigkeit angeboten.

Kategorie	Codings	Summary
	Thema Vegetarismus, eine alternative Ernährungsform, da gehört das auch mit dazu. Unser Essen. Unser Klima und und und. Das ist ja ein ganz großer Bereich, da gehört das immer entsprechend mit dazu. (110) Wir machen auch alle zwei Jahre so ein Projekt, an dem verschiedene Klassen teilnehmen, jeweils verschiedene Klassen und da geht es auch eben um die Nachhaltigkeit. (114) Da gibt es auch Projekte, wo wir externe Partner zu einladen und da geht es dann um den Klimawandel, um den ökologischen Fußabdruck und um die Nachhaltigkeit, die Erden die uns zur Verfügung stehen und und und. (114) Das thematisieren wir auch im Unterricht. (114)	
Fazit		
Chancen	Gesundheit und Bildung gehören ja nun ganz eng zusammen. Wir sind auch eine gute und gesunde Schule. Was völlig klar ist, wir können eine gute Bildungsqualität nur dann erzielen, wenn die SuS auch motiviert sind, wenn sie gesund sind und wenn sie Lust haben, tatsächlich auch Leistung zu erbringen und zu Arbeiten. Voraussetzung ist dafür eben auch, dass sie sich hier wohl fühlen. Dazu gehört eine gesunde, eine gute Schulverpflegung, die den ernährungsphysiologischen Kriterien im Schnitt sagen wir mal gerecht wird, aber auch die Bedürfnisse und die Wünsche der SuS (und der Kollegen) auch irgendwie mit berücksichtigt und Rechnung trägt. Insofern hängt das also ganz eng zusammen. (136) Und wir sind ja ein Berufskolleg. Wir sind nicht verpflichtet ein Mittagsangebot anzubieten, trotzdem legt die Schulleitung da ganz großen Wert darauf, dass die Schule ein solches Angebot aus eigenen Mitteln quasi stemmt. Das muss finanziert werden, da gibt es natürlich auch gewisse Grenzen, das ist völlig klar, aber ich denke, das kriegen wir soweit ganz gut, zu mindestens im Moment, geregelt. (136) B: Ich mache schon gar kein Fleisch mehr. Stück Fleisch schon gar nicht mehr. Fragt auch keiner mehr nach. Die sind alle gut zufrieden mit dem vegetarischen Essen. Es gibt ab und zu mal was mit gekochtem Schinken auf Pizza oder so. (136) A: Also in den Schulkonferenzen merkt man das wohl deutlich, da sind ja auch immer einige Eltern, die an sich auch grade in den Anfangskonferenzen immer ganz begeistert sind von dem Angebot. Die auch mal gezielt nachfragen. Wie ist das mit vegetarischen Gerichten, wie ist das mit veganen Gerichten. Also es ist denen auch sehr wohl klar, dass wir das anbieten, dass das eine besondere Leistung ist. Und dass das auch nicht selbstverständlich	Gesunde und vollwertige Schulverpflegung als Vorrausetzung für gute Bildungsqualität. Als Berufskolleg nicht zur Mittagverpflegung verpflichtet, dennoch wird Wert darauf gelegt. Schulverpflegung kann sehr gut mit wenig Fleisch funktionieren.

Kategorie	Codings	Summary
	ist. B: Wenngleich auch Vegetarier und Veganer immer lauter rufen als alle anderen. Obwohl sie in der Minderheit sind. Dann fällt das natürlich gleich immer auf. Also mit vegan tu ich mich vielleicht noch ein bisschen schwer, aber vegetarisch ist überhaupt kein Problem. (136)	
Herausforderungen	Die Herausforderungen bestehen darin, das zur Verfügung stehende Budget und die Ressourcen irgendwie zu berücksichtigen. (138) Die Herausforderung ist sicherlich die Beschaffung und damit Kooperation mit entsprechenden Zulieferern, die tatsächlich ökologisch und biologisch uns sozial verträglich unter den Kriterien der Nachhaltigkeit eben auch so liefern, dass es unseren Bedürfnissen gerecht wird. Also unseren Mengenkontingenten, und so weiter und so weiter. (138) Manchmal ist es beispielsweise so, dass wir von Apetito bestimmte Dinge einbeziehen. Auch gerne Bio, natürlich. Aber sie sind auch gerne deutlich teurer, als das was wir sonst im Angebot haben. Das kann also nur als Ergänzung dienen, weil sonst nämlich viele SuS einfach nichts essen oder was anderes essen und uns dann. Das ist nicht unser Interesse. (138)	Eine Herausforderung sind die Ressourcen und das Budget. Kleine Schulen werden nicht mit ökologischen Lebensmitteln beliefert. Ergänzung mit Convenience-Produkten ist teurer als mit eigenen frischen Produkten.

(Quelle: eigene Darstellung)

Tabelle 16d: Summary-Grid Schule IV

Kategorie	Codings	Summary
Schulverpflegung als Lernmöglichkeit	Das SuS aktiv bei der Schulverpflegung beteiligt werden, zum Beispiel. (9) Das sie auch was zubereiten. Das die SuS was zubereiten, dass auch mit verkauft wird. (10) Aktiv finde ich auch. (11) Und dass die dabei helfen, sehen, wo kann ich was einkaufen, was muss ich einkaufen, wie teuer ist das, wie kann ich das kalkulieren. (11) Also, dass die halt einen Einblick darin bekommen, wie wenn die das selber so einen Kiosk hätten oder so. 11 – 11 (0)	Aktiver Einblick in Verkauf, Zubereitung und Einkauf.
Unterrichtliche Einbindung	A: Durch Aktionen, die wir als Lernfelder auch teilweise so verfolgen. Dass sie eben kennen lernen, wie Snacks verkauft werden in bestimmten Bildungsgängen. (14)	Die Einbindung in die Schulverpflegung verläuft nur über Aktionen, die im Unterricht geplant und durchgeführt werden.

Kategorie	Codings	Summary
Bildungs-gänge und Klassen	A: Die Servicekräfte, also die Assistenten für Ernährung und Versorgung, die einjährige und die zweijährige Berufsfachschule Ernährung und Versorgung. (16) B: Die Auszubildenden der Hauswirtschaft. (17) C: Die Bäckereifachverkäuferinnen, ehr weniger, das kommt jetzt erst. (18) B: Die Berufsfachschule für Kinderpflege und Berufsfachschule für Sozialassistenten, machen auch was und die AV (Ausbildungsvorbereitung) für Ernährung. (19) Die ihr doch auch in der FSP? (20) Ja, die Erziehen machen auch eine Woche ein Projekt. (21) B: Ja, aber auch in der PIA. Da gibt es wieder ein Projekt. Nachfrage: Was ist die PIA? B: Praxis-Integrierte-Ausbildung für Erzieher, die schon im Berufsleben stehen. (22-24)	Ernährung und Hauswirtschaft-Berufsfeld: Assistenten für Ernährung und Versorgung, einjährige und zweijährige Berufsfachschule Ernährung und Versorgung, Hauswirtschafter, Bäckereifachverkäuferinnen, Ausbildungsvorbereitung Ernährung außerhalb Ernährung und Hauswirtschaft-Berufsfeld: Berufsfachschule Kinderpflege, Berufsfachschule für Sozialassistenten, FSP, PIA (Praxis-Integrierte-Ausbildung für Erzieher)
Regelmäßige Mitwirkung	k. A.	Keine regelmäßige Mitwirkung in der unterrichtlichen Einbindung.
Aktionsmäßige Mitwirkung	A: Wir bieten aber auch als Lernsituation Mittagstisch an, wo dann eben die Kollegen der Schule, aber nur für die Lehrer, und das sind einzelne Aktionen in jeder Klasse, die wir genannt haben, maximal zwei in einem Schuljahr. Nachfrage: Zwei SuS? B: Zwei Aktionen. Zwei Mal Mittagstisch in der einen Klasse, mal in der anderen Klasse. Und wenn es aufgrund von anderen Veranstaltungen zeitlich nicht passt, dann fallen diese Sachen weg. (26)	Zwei Mal pro Klasse pro Schuljahr wird ein Mittagstisch für die Lehrkräfte angeboten.

Kategorie	Codings	Summary
Prozess-schritte	Nachfrage: In welchen nachfolgenden Prozessschritten sind die SuS eingebunden, wenn sie im Rahmen von Aktionen an der Schulverpflegung eingebunden sind? Speisenplanung: Ja. Lebensmittelbeschaffung: Ja. Wo kann man einkaufen, zum Beispiel. Preise vergleichen. Lagerhaltung: Ja Vor- und Zubereitung: Ja. Auf jeden Fall. Bereitstellung und Ausgabe: Ja Abfallmanagement: Ja Reinigung und Pflege: Ja (27)	Wenn die SuS im Rahmen von Aktionen in die Schulverpflegung eingebunden sind, erfolgen alle Prozessschritte durch die SuS.
Räumliche Möglichkeiten	Wir haben vier vollausgestattete Küchen mit Speiseräumen dazu, also die Ausstattung ist gut. Nachfrage: Also vier Lehrküchen und eine Großküche? B: Drei Lehrküchen und eine Großküche. A: Eine gastronomisch orientierte Küche. Das ist keine Großküche. Man kann nicht sagen, dass es eine Großküche ist. Also eine gastronomie-orientierte Lehrküche. (32-35)	Drei Lehrküchen und eine Großküche.
Außerunterrichtliche Einbindung		
Regelmäßige Mitwirkung	k. A.	Keine regelmäßige Mitwirkung in der außerunterrichtlichen Einbindung.
Aktionsmäßige Mitwirkung	k. A.	Keine aktionsmäßige Mitwirkung in der außerunterrichtlichen Einbindung.
Räumliche Möglichkeiten	k. A.	
Praktikumsmöglichkeit	A: Hier, in unserer eigenen? Nein. (47)	Es können keine Praktika in der Schulverpflegung absolviert werden, da es keine Eigenbewirtschaftung einer regelmäßigen Schulverpflegung gibt. 127

Kategorie	Codings	Summary
Ernährungsbildung		
nachhaltiger Lebensstil	C: Ja ich glaube, das ist viel Thema in meinem Unterricht. Nachhaltigkeit allgemein, im Ernährungsbereich fange ich immer an mit regional und saisonal erstmal an und gehe dann weiter. Dieser Begriff ist für die SuS auch so echt wirklich abstrakt und sehr schwierig. Die wissen, glaube ich manchmal gar nicht, was dieser Überbegriff bedeutet. Die können dann vielleicht was mit regional, saisonal anfangen, wenn wir das in der Theorie machen und du in der Praxis, dann sagen die schon mal: „Ja, das haben wir letztens in der Praxis kennengelernt." „Ja, das wissen wir." „Das machen wir nächste Woche auch schon in der Praxis." Sowas kommt dann schon, dass die auf so Sachen achten. Aber ich weiß nicht, ob das ganze Konzept. A: Ob die deshalb ihren Lebensstil ändern, nein. Die kennen auch sowas wie den ökologischen Fußabdruck, oder so. Das macht man ja im Unterricht, aber ob die deswegen weniger mit dem Auto fahren, oder weniger Fliegen, das glaube ich nicht. Das ist auch einfach von der Generation her nicht intendiert. Die wollen das jetzt nicht. Später vielleicht mal. (75)	Ein nachhaltiger Lebensstil wird nicht gefördert, da keine regelmäßige Einbindung in die Schulverpflegung erfolgt.
Essbiographie reflektiert und selbstbestimmt	A: Das wird in einigen Projekten gemacht. C: Ja, bei den Erziehern. Da mache ich das auf jeden Fall. Auch in der Ausbildung der Kinderpfleger. Da ist das auch Bestandteil im Unterricht. A: In der FOS auch. Nachfrage: Und auch verknüpft mit der Schulverpflegung? A: Nö, ne. C: Wir haben mit der Schulverpflegung bei so Sachen nichts zu tun. A: Das macht man in der FOS, zum Beispiel. Da macht man das schon, aber nicht mit den SuS die hier für die Praxis sind. Die FOS hat ja keine Praxis hier. (54-56)	Eine reflektierte Essbiographie wird nicht gefördert, da keine regelmäßige Einbindung in die Schulverpflegung erfolgt.
persönliches Ressourcenmanagement, Verantwortung übernehmen	A: Ich finde es ein bisschen hochgestochen. Nachfrage: Also Sie meinen, die Teilnahme reicht nicht aus um dahingehend Kompetenzen zu fördern? B: Wir versuchen. Es ist schon schwierig, Kostenberechnung durchzuführen. Also nur Lebensmittel. Nur was die Lebensmittel betrifft. Wenn wir eine Pizza berechnen. Und das ist schon schwierig. (52)	Ein persönliches Ressourcenmanagement wird nicht gefördert, da keine regelmäßige Einbindung in die Schulverpflegung erfolgt.
Kultur u. Technik d. Nahrungszubereitung u. Mahlzeitengestaltung	B: Weniger. A: Hier fangen die ja erst an, mal selber zu kochen. Die machen das zu Hause nicht. B: Es gibt auch welche, die haben noch nie eine Kartoffel geschält. Es ist ganz unterschiedlich. Und das ist auch ganz schwierig, dass manche sind fit, in der Nahrungszubereitung. Da sieht man auch, dass es von zu Hause her gelebt wird, frische Lebensmittel zu verarbeiten, dass auch noch Gärten vorhanden sind.	Die Kultur und Technik der Nahrungszubereitung wird nicht gefördert, da keine regelmäßige Einbindung in die

Kategorie	Codings	Summary
	Grade die mit Migrationshintergrund, haben also oft mehr Ahnung, von den einzelnen, also die Mädchen, und die anderen, schwierig. Was ist eine Kohlrabi? Was mache ich damit? (68) Nachfrage: Wird das besser? B: Klar. Nachfrage: Und konkret durch die Teilhabe an der Schulverpflegung? C: Kommt drauf an, wie die Teilhabe aussieht. Wäre das so, dass die dafür zuständig sind, sagen wir mal einmal die Woche, die Schulverpflegung, klar, dann ist ja genauso als wenn ich einmal die Woche in den Praxisunterricht bin, wenn ich das regelmäßig übe, werde ich darin besser. Natürlich. A: Dann wäre das so, aber sie nehmen ja nicht direkt an Schulverpflegung teil. Nachfrage: Und die Aktionen, die gemacht werden, sind einfach viel zu wenig? C: Ja, es sind ja, wie du eben sagtest, zwei pro Klasse pro Schuljahr. (69-73)	Schulverpflegung erfolgt. Einbindung in die Schulverpflegung wäre wie ein zusätzlicher Fachpraxisunterricht.
Konsumentscheidungen reflektiert und selbstbestimmt	C: Ich weiß nicht, ob das immer so im Privatleben auch ankommt. Ich glaube, dass die das für den Moment vielleicht mit dem Pausenverkauf, wenn die das sagen wir mal selber machen würden, und darüber nachdenken, dann schon, aber wenn man dann so sieht, was die selber so für sich machen, ist das schwierig. Ich habe das gestern im Pausenverkauf mit meiner Mittelstufe für die Bäckereifachverkäufern gehabt, da schon, aber die stehen ja auch jeden Tag im Laden und verkaufen Sachen. Da ist das anders verankert. Auf jeden Fall. (62-63) Nachfrage: Aber da kommt das nicht durch die Teilhabe an der Schulverpflegung sondern durch den beruflichen Hintergrund? C: Ja. Also weil der Pausenverkauf fände ich, war eigentlich sehr gut, auch wie die das gemacht haben, was die gemacht und ausgewählt haben, aber das kam schon mit durch ihre berufliche Erfahrung. A: Ja, die haben andere Werte, wie sie ihren Konsum gestalten. Ich glaube nicht, dass da eben die gesunde Ernährung im Vordergrund steht, sondern vielleicht ehr Modetrends und so weiter. Ich glaube die geben ehr viel Geld für Technik, gutes Paar Schuhe oder Sportschuhe aus. B: Aber wir haben eben auch viele SuS, die auch auf sich alleine gestellt sind. Die ein gewisses Budget zur Verfügung haben, und dann auch schon mal genau schauen, wenn wir Lebensmittel bekommen, was hat das jetzt gekostet. Also da gucken sie schon drauf. Und ich lege auch immer mal hin, wenn ich drei Zucchini bestellt habe, oder die Erdbeeren, im Jahresverlauf. C: Das war bei mir auch ein großes Thema letztens im Unterricht. Das unsere Erdbeeren immer so teuer sind. Da gucken sie schon drauf. A: Die müssen ja auch Kochgeld zahlen. Wahrscheinlich wollen die auch wissen wo ihr Geld im Endeffekt dann auch bleibt. B: Ja auch wie teuer es ist, was sie zu Hause kaufen, wenn sie den Blumenkohl im Kaufland kaufen, oder wenn man den Blu-	Reflektierte Konsumentscheidungen werden nicht gefördert, da keine regelmäßige Einbindung in die Schulverpflegung erfolgt.

Kategorie	Codings	Summary
	menkohl jetzt im Bioladen kaufen würde. Da haben sie schon, das sehen sie schon. (64-66)	
Ernährung gesundheitsförderlich	Nachfrage: Achten Sie darauf, wenn Sie Aktionen zur Schulverpflegung haben? A: Ja. Doch, doch. B: Die Lebensmittelpyramide, die berücksichtigt werden und doch doch. Und „Fünf am Tag" haben wir jetzt über den Tagesverlauf gemacht. Da gucken wir schon. Also wird auch sicherlich eine Süßspeise angeboten werden, aber dann auch ehr eine Nachspeise oder so, Quarkspeise oder so. (58-59) Nachfrage: Meinen Sie denn, das hat Einfluss auf das private Essverhalten? A: Ja, auf jeden Fall. Das sagen die SuS auch. Dass sie es zu Hause auch nachkochen. Oder nachgemacht haben. C: Die lernen auch viel neu kennen für sich. Die es zu Hause vielleicht nicht so gibt, die sie nicht kennen. Die dann eben in solchen Aktionen den Sus nah gebracht werden. B: Also sie haben ganz große Defizite was frisches Gemüse angeht, und wie man die verarbeitet. Wie man das verarbeitet, was man daraus machen kann. (60)	Eine gesunde Ernährung wird nicht gefördert, da keine regelmäßige Einbindung in die Schulverpflegung erfolgt.
Nachhaltigkeit in der Schulverpflegung		
Bildungsgänge und Klassen	C: Für die Assistenten im Ernährungs- und Versorgungsbereich. Und auch für die einjährige Berufsfachschule. (80)	Ernährung und Hauswirtschaft-Berufsfeld: Assistenten für Ernährung und Versorgung, einjährige Berufsfachschule
Aspekte der Nachhaltigkeit	C: Ja, alle. (87) Und im Ernährungsbereich kommt ja eben auch noch die Gesundheit mit dazu. (87) Über alle spreche ich im Unterricht. (87) Wobei den SuS das Soziale, das können die nochmal mehr greifen, das Ökonomische fällt denen relativ schwer. (87) Auch die Überbegriffe überhaupt schon sind für die SuS schwer. (87) C: Hauptsächlich, weil das ist dass, womit die zu tun haben, oder was die halt auch so verstehen, sind halt eben die Arbeitsbedingungen. Oder eben auch Fairtrade im fairen Handel, die Arbeitsbedingungen. A: Filme dazu zeigen. (94-96) Nachfrage: Aber auch, was die eigene Arbeitshaltung angeht. Also Ergonomie zum Beispiel, Arbeitsschutz, Arbeitssicherheit?	Die ökologischen und sozialen Aspekte können die SuS besser greifen als die ökonomischen Aspekte. Unter ökonomischen Aspekten werden besonders Fair-Trade und Arbeitsbedingungen in den Produktionslän-

Kategorie	Codings	Summary
	C: Also Ergonomie habe ich jetzt so noch nicht. Ich weiß nicht, ob ihr das mitmacht? B: Das machen wir. Mit Blick auf Arbeitsschutz und Unfallverhütungsvorschriften und so. Am Anfang des Schuljahres machen wir das. Arbeitsplatzgestaltung, wie man Kisten hebt und so weiter. (97-99) Nachfrage: Das fällt ja eigentlich alles mit unter Nachhaltigkeit. B: Ja. C: Das setzte ich dann auch immer Voraus, wenn ihr das in der Praxis macht. B: Das wird bei uns jetzt aber nicht als nachhaltig bezeichnet. Das sind einfach Unfallgefahren in der Küche, das muss ja schon konkrete Beispiele haben. Wenn der Eimer Wasser umkippt, dass man das dann aufwischt, damit man nicht stürzt. C: Also das ist dann ja schon wirklich so, dass Theorie und Praxis versucht zusammen zu arbeiten. Und ich die Sachen dann auch aufnehme. Ich mache dann nicht nochmal das Doppelte was von der Praxis, sondern ich baue darauf auf, ich setze auch voraus, dass die SuS das wissen. (100-104)	dern und weniger der eigene Arbeitsschutz thematisiert. Viele Themen wie energiesparendes Kochen werden nicht unter dem Begriff der Nachhaltigkeit thematisiert.
Im Rahmen der (eigenen) Schulverpflegung	C: Von der Gemeinschaftsverpflegung allgemein. Aber nicht unbedingt speziell Schulverpflegung. Da geht es dann ehr um, sagen wir mal, Gastronomiebetriebe. Bereiche, in denen die nachher arbeiten können. A: Und die Schulverpflegung allgemein ja sowieso nicht. (82-83)	Nachhaltigkeit wird im Rahmen der Gemeinschaftsverpflegung aber nicht der Schulverpflegung im speziellen thematisiert.
Im Unterricht	A: Nachhaltig Einkaufen. Da haben wir eine Situation. Ich könnte die jetzt nicht genau im Wortlaut zitieren. Und dadurch kommt man eben auch auf diese Begriffe. (78) C: Ja, aber ich habe das halt auch wirklich in meinem Rahmenlehrplan stehen, weil sind dann auch so Situationen, dass die in einem Gastronomiebereich im Restaurant sind und die jetzt nachhaltig wirtschaften wollen, also ich beschäftige mich da auch schon ein paar Wochen mit. Auch wirklich, was bedeutet Nachhaltigkeit als Konzept, welche Begriffe, welche Bereiche gehören dazu. Auch dann, ist es überhaupt möglich alle Bereich umzusetzen. Weil wenn man darüber redet, ist es schon so, dass die SuS sagen, so das ist zu teuer, das kann ich nicht alles machen. Ich kann da nicht drauf achten. Das kommt auf jeden Fall schon. (78) B: Aber wir machen zum Beispiel am Spargel, oder am Preis des Spargels, also da erarbeiten wir das schon so ein bisschen in der Praxis. Oder an Erdbeeren. (89) A: Wenn das in so kleinen Beispielen und so nah ist, das geht. B: Aber so geballt, das kriegen sie nicht hin. (92-93)	Es gibt eine Lernsituation über nachhaltiges Einkaufen. Spargel und Erdbeeren werden thematisiert. Für die SuS müssen die Beispiele konkret und lebensnah sein.

Kategorie	Codings	Summary
Fazit		
Chancen	A: Ja, man könnte es noch ausweiten. Noch konkreter arbeiten vielleicht. (107) Vielleicht auch die Defizite *(zeigt auf die REVIS-Bildungsziele)*, die Sie uns grade nochmal bewusst gemacht haben, den SuS doch in Ansätzen vermitteln zu können. Das die eben ihren Lebensstil vielleicht doch etwas überdenken und ändern in der Zukunft. (107) B: Also ich denke schon, dass wir Chancen haben, die einzelnen Sachen weiter umzusetzen. Auch in der Fachpraxis. (108) Wir haben genug Ideen und Vorschläge und wir könnten was machen. (113) A: Vielleicht wird es gemacht, weil wir uns jetzt mehr mit dem Gesundheitsaspekt mehr auseinander setzen sollen: Bildung und Gesundheit. Das ist etwas, was vielleicht in Form von Projekten intensiviert werden kann, mal gucken. (114)	Chancen werden in der Erfüllung der REVIS-Bildungsziele gesehen. Chance, dass durch das Projekt Bildung und Gesundheit die Schulverpflegung weiter ausgebaut wird.
Herausforderungen	Aber eben mit der Schulverpflegung komplett, wenn wir wirklich sagen würden, hier, wir als Kollegen oder mit unseren SuS wollen komplett diese Verpflegung stemmen, das würde gar nicht gehen. Weil unsere SuS zu leistungsschwach sind. Oder weil von unserer Seite da so ziemlich intensiv dran gearbeitet werden müsste. Und dafür eben auch so eine stetige Bewirtschaftung kann nicht gegeben sein. (118) Nachfrage: Fehlen Ihnen da vielleicht auch die typischen Berufe wie Köche und Bäcker? A/B/C: Ja! (109-110) B: Aber selbst, wenn wir im Dualen System Köche hätten, die müssen ja heutzutage auf ihre Abschlussprüfung vorbereitet werden. Die sind ja nicht in der Schule, um da eine Verpflegung zu machen. Das machen die ja im Betrieb. Also das muss man auch sehen. Die lernen ja heute im Betrieb kaum noch was, außer Tüten öffnen. Und das ist ja das Problem. Auch die könnten so eine Schulverpflegung nicht stemmen. (111) Es muss eigentlich, eine sinnvolle Schulverpflegung, eine Kooperation zwischen jemandem sein, der eine Küche übernimmt, als Küchenleitung, Küchenmeister oder eine Hauswirtschafterin und wo dann, koordiniert wird, dass einzelne Schulgruppen, die da sind, mit einbezogen werden. (111) Das ist eben so die Idealvorstellung, die wir immer hatten. Seitens der Schulleitung kam die Frage, wie sollen wir das denn machen. Wenn wir jetzt eine Hauswirtschafterin einstellen, was machen wir in den Ferienzeiten mit der? Ich habe schon gesagt, man kann die Stunden umrechnen, dass sie auch Ferien hat. Was machen wir, wenn die krank ist? Dann hat man keinen, der das im Krankheitsfall übernimmt. Dann bleibt es wieder an denen hängen, die sich sonst vielleicht damit auskennen. Das ist so.	Zu leistungsschwache SuS/Bildungsgänge erschweren die Einbindung in die Schulverpflegung. Eingeschränktes Angebot im Bereich ERNÄHRUNG UND HAUSWIRTSCHAFT erschwert die Einbindung in die Schulverpflegung. SuS des dualen Systems haben sehr konkrete Prüfungsanforderungen und können nicht nur die Schulverpflegung betreiben.

Kategorie	Codings	Summary
	Aber das wäre eigentlich die Idealvorstellung. (111) Es macht auch keinen Sinn in meinen Augen, einen Caterer in eine Küche zu setzen, der dann komplett alles übernimmt und die Bildungsangebote, die wir dann so bringen, die Schulverpflegungsangebote, dürfen dann nur noch reduziert angeboten werden. Wir haben auch zum Beispiel die Auflage, wir dürfen noch nicht in der ersten Pause verkaufen. Damit er da vorne seinen Umsatz macht. Wir dürfen erst um viertel nach elf verkaufen. Ich meine, spielt uns eigentlich gut rein, weil wenn wir um acht anfangen, um halb zehn meistens noch nichts fertig haben. Aber, es ist alles so eine Sache. (111) A: Aber es müsste eben auch von Schulleitungsseite letztendlich auf der Fahne stehen, dass man da was ändern möchte und dann ließe sich da auch was ändern, einfach nur durch den Blick in andere Schulen, wo es ja auch anders vollzogen wird. Ich glaube, wir sind da ein sehr negatives Beispiel. (112) C: Also ich wollte auch sagen, Probleme entstehen auch manchmal auf schulpolitischer Seite. Würde ich auch sagen und sehen. (113) Nachfrage: Sehen Sie die größten Herausforderungen in den räumlichen Möglichkeiten und in der Fremdbewirtschaftung des Kiosks? A: Da sind glaube ich noch viel größere Probleme auch. (116-117) Das wir ja auch nicht unbedingt von Anfang an hier eine Schulverpflegung auf die Beine stellen könnten. Das wir das nicht mit den SuS hier alleine händeln könnten. (117) Sie haben auch eben eine Frage dazu gestellt, das wir hier keine eigenen Praktikanten haben, also wenn man sowas zum Beispiel hier hätte, wenn man eigene Praktikanten an der Schule hätte, oder eine eigene Hauswirtschafterin, die das mit übernehmen würde, aber einfach aus dem Unterricht heraus mit den SuS, das eben gestalten, das ein zu hoch gesetztes Ziel. (117)	Für eine optimale Schulverpflegung muss eine Hauswirtschafterin öder Köchin angestellt werden.

(Quelle: eigene Darstellung)

Printed in the United States
By Bookmasters